Diversification Strategies and Organizational Structures

多角化戦略と
経営組織

萩原俊彦 著

税務経理協会

を本格的に学び直し，長年の疑問であった多角化戦略を学問的に理論的に捉えてみるチャンスに恵まれた。その機会にアメリカ西海岸シアトルのワシントン大学ビジネススクールに留学し，そこで改めて経営戦略論などを本格的に学び，経営資源と経営戦略がいかなる相互作用を行なうことによって企業の成長を実現させているかについて興味を持ち始めたのが，このような研究を手掛けることになった端緒である。

　本書の執筆に際しては，東京大学経済学部の学部時代ならびに青山学院大学国際政治経済学部博士課程の大学院時代を通しての恩師である現文京学院大学教授岡本康雄先生（東京大学名誉教授）に多くの有益かつ適切なコメントをいただいた。ここに深く感謝の意を表する次第である。また名古屋経済大学教授小木紀之先生から数々の有益なアドバイスを受けたことに対しても深く感謝申し上げる。また多様な意見を交わすことができた友人知人にも感謝申し上げたい。本書は，これら多くの方々との相互作用の中で育まれてきたものであり，決して筆者一人の力で生まれたものではない。

　最後となったが，本書が書き上がるまで出版事情の厳しい折にもかかわらず，本書の出版を快くお引き受けくださった税務経理協会書籍企画部長　峯村英治氏にも深謝申し上げる次第である。

平成19年春

　　　　博物館「明治村」のある犬山の大学研究室にて

　　　　　　　　　　　　　　　　　　　　　　　萩原　俊彦

本書に寄せて

　本書は，多角化戦略論の新しい理論的枠組みを提示すると同時に，現代企業が内包する基本的課題を，理論的にかつ実証的に解明しようとしている。組織を権限―仕事の分担関係としての組織構造のレベルに留まらず，トップマネジメントの経営能力，情報共有の必要度などから規定される情報処理能力と，組織に対して要求される組織の情報処理必要量との関係にまで踏み込んで扱っている。また企業の多角化が何故行なわれるのかについて，従来の余剰経営資源の有効利用―範囲の経済効果といった定説に留まることなく，エージェンシープロブレムとりわけインフルエンスコストの低減という視点を取り込むことによって，より広域的に多角化を分析し得る理論的視角を提出している。従来の論点が説得力を持ち得るのが，専業ないし本業から関連事業へ展開するまでの多角化の範囲についてであり，非関連多角化が何故行なわれるかについては，十分に説明をできないことを考えれば，読者に新しい視座を提供する格好の書であると考える。

　また刺激的な事実発見として1990年代の日本の大企業においては，多角化の程度と企業収益との関係が既存の理論的装置を前提として想定された逆U字型でなくむしろU字型，より正確に言えば中盤の落ち込んだ複雑な形状を示すことを明らかにしている。また本業回帰と高度多角化の二極化の動きが見られることを把握し，このような動きは正の収益ギャップの発生が多角化抑制を，負の収益ギャップの発生が多角化推進をそれぞれ刺激するものとして認識している。さらに過剰多角化が何故存在するかについて，エージェンシー問題，インフルエンスコストなどとの繋がりにおいて明らかにしている。

最後に企業が多角化，非多角化をいかに推進していくかについて，一連の動きを景気変動を含めた一般化への志向をもつモデルとして纏めている。すなわち多角化へ導く第一の要因は収益ギャップの認識であり，景気後退期には負の収益ギャップが発生し多角化を推進する，不況期から好況期へと向かうと正の収益ギャップが発生し多角化を抑制するとしている。

　本書は，従来の企業多角化研究の理論的考察において十分追跡されていなかった諸点を明示的に捉え発展させるとともに，実証研究として日本企業の多角化の動きについて興味深くかつ刺激的な数多くのファクトファインディングを提示した興味深い著作となっている。本書の刊行を機に，今後，彼の研究が益々発展することを祈念したい。

　平成19年春

　　　　　　　　　　　文京学院大学教授・東京大学名誉教授

　　　　　　　　　　　　　　　　　　　　岡本　康雄

目　次

はしがき

本書に寄せて

第1章　多角化戦略研究の現代的意義

1	多角化戦略研究の系譜	3
2	多角化戦略論の問題意識	4
3	経営戦略における多角化戦略の位置づけ	6

第2章　多角化戦略・非多角化戦略の理論的考察 −基本的視角の構築−

1	多角化の利益とコスト	10
2	エージェンシー理論の視角と取引コスト理論の視角	20
3	組織構造と多角化，非多角化戦略	25
4	多角化と組織の情報処理の基本的関係	26

第3章　分析のフレームワーク

| 1 | 研究対象とする企業 | 30 |

2	多角化戦略の定義	32
3	多角化度指数の導入	35

第4章　多角化戦略の基本的な動向

1	戦略タイプの分布	37
2	戦略タイプの変化	39
3	戦略タイプの移動	40
4	戦略タイプの国際比較	42
5	多角化度指数から見た多角化,非多角化の動向	44
6	非多角化戦略の効果	47

第5章　多角化戦略,非多角化戦略と経営成果の実証分析

1	多角化行動のメカニズム	50
2	多角化戦略,非多角化戦略と経営成果	53

第6章　負債資本比率と関連多角化

1	分析の前提	64
2	実証分析の結果と考察	65

第7章　多角化戦略と経営組織

1	組織形態の全体観	68
2	経営組織と経営成果	73

3	経営組織と負債資本比率	78

第8章　理論的実証的結論と今後の課題

1	基本的なファインディング	81
2	多角化に伴う企業収益落ち込みの原因	85
3	景気循環と多角化・非多角化のモデル	90
4	結論と今後の課題	93

第9章　最近の多角化戦略の動向

1	対象企業と観測時点	97
2	戦略タイプの分布	97
3	戦略タイプの移動	98
4	多角化戦略の決定要因と経営成果	100
5	景気変動と多角化戦略	102

(付表)	107
参考文献	113
英文索引	117
和文索引	118

多角化戦略と経営組織

萩原　俊彦

第1章

多角化戦略研究の現代的意義

1　多角化戦略研究の系譜

　多角化戦略研究は，古くて新しい経営学の課題である。現代企業の事業多角化については，ペンローズ（Penrose, E. T.）が1959年の『企業成長論』において，企業における余剰経営資源の有効利用が企業成長と多角化の駆動力（ドライビングフォース）となることを主張して以来，このことを共通の認識とした上で，どちらかといえば，それについて理論的考察を深めるよりも産業あるいは企業における多角化ないし多角化戦略がどのように進展しているか，その全体像をどのように捉えるかといった実証的研究が主流を占めてきた。

　また経営史家チャンドラー（Chandler, A. D.）が，米国企業の歴史的発展を分析した『経営戦略と組織構造』（1962）において，組織構造は経営戦略に従うという命題を提出した。その後の多角化の実証研究では，チャンドラー命題の追試もかなり行なわれてきた。

　このような動きの中で，大きな影響力をもった実証研究がルメルト（Rumelt, R. P.）の『多角化戦略と企業成果』（1974）である。彼が提示

した現代企業の戦略類型は，企業の多角化戦略を分析するのに適切なものであったため，その後広く利用された。彼は多角化戦略を，専業戦略（単一事業の売上高が全体の95％を超える場合），垂直的統合戦略（垂直的に関連ある事業の売上高が全体の70％以上を占める場合），本業中心多角化戦略（単一事業の売上高が70％以上，30％未満が他の事業で占める場合だが，さらに本業と他の事業との関連度が強いものを本業・集約型，弱いものを本業・拡散型に細分），関連分野多角化戦略（関連している複数の事業の売上高が70％以上を占める場合だが，さらにその関連が強いものを関連・集約型，弱いものを関連・拡散型に細分），非関連多角化戦略（各事業相互に関連がない戦略）の五つから七つの戦略類型に分類した。

　なおルメルトは，投下資本利益率，一株当たり利益成長率などと経営成果との関連では，本業・集約型，関連・集約型が一般的に良好であり，垂直型，本業・拡散型は，専業型よりも一般的に悪いことを明らかにしている。また関連型，非関連型といった多角化の程度が高い戦略を採用するほど，事業部制を採用する傾向が強いことも明らかにしている。このような今日までの多角化戦略研究の状況に対して，本書は改めて多角化戦略の理論的含意を再考した上で，それに基づいて日本企業の多角化戦略について実証研究を行ない，多角化戦略の本質とは何かを示そうというものである。

2　多角化戦略論の問題意識

　1960年代のアメリカにおいて，企業の多角化が急速に進展した。先に述べたように，先駆的な多角化の研究として，ペンローズが企業内部に自然発生的に生じる余剰経営資源の有効利用の道として，企業は多角化

第1章　多角化戦略研究の現代的意義

を実施するという理論を展開し，ルメルトが説得的な多角化戦略のタイプ分類を行ない，大量のデータに基づく実証的な立場からアメリカ企業の多角化戦略への流れが組織構造としての事業部制の採用につながっていることを初めて明らかにした。本業とは直接関係のない事業を営む企業を買収することによって急激な成長を遂げる，いわゆる「取得型コングロマリット」タイプの企業が出現してきたのもこの時期である。

日本においても1970年代から1980年代前半にかけて，多角化の時代を経験してきた。それにつれて多角化戦略研究も進展し，代表的な吉原英樹などによる『日本企業の多角化戦略』(1982) が著され，ルメルトの戦略タイプ分類を前提に企業の多角化戦略の推進プロセスとして，ある決まった多角化のルートが存在することが明らかにされるとともに，企業収益と多角化の程度の関係では，中程度の多角化を企業収益のピークとする山型のカーブの関係が示された。これらの研究をはじめ様々な多角化研究が企業の実際の多角化の進展とともに試みられてきた。

しかしながら，1980年代後半からの景気の後退で世界的にダウンサイジング全盛の時代となり，1990年代に入って，もはや多角化という言葉は死語となりつつある。ハメルとプラハラード（Hamel, G. & Prahalad, C. K.）は，『コアコンピタンス経営』(1994) において，他社には提供できないような価値を顧客にもたらす企業内部に秘められた独自のスキルや技術の集合体であるコアコンピタンスという概念を通して，コアビジネスへの回帰が企業再生への近道であるとした。日本でも1990年代に入って，いわゆるバブル経済の崩壊以降，リストラクチャリング，リエンジニアリング等の手法が脚光を浴びるようになり，企業内部においてもリストラクチャリング，リエンジニアリングが盛んに実施され，多角化はもはや時代に逆行した言葉となりつつあるように思われている。

しかし真実はどこにあるのか，一部の現象についての印象なり認識な

りが過度に一般化されていることはないだろうか。企業の全体戦略として多角化戦略を捉えるとき，リストラクチャリング，リエンジニアリング，コア事業回帰の戦略などの名称で実施されている数々の非多角化戦略と関係づけながら，多角化戦略の現状について理論的かつ実証的に把握し直してみることには，経営学の立場から現代的意義があるのではないかと考える。

　すなわち従来はややもすると多角化戦略が，ペンローズを別にすれば，現代企業の当然の行為と捉えられ，その実証的研究だけが一人歩きしてきた傾向が強い。そこで本書では，改めて多角化戦略の持つ理論的含意を，後述するような取引コスト理論，エージェンシー理論との関連を含めて考察し，多角化戦略についての基本的な理論仮説を設定すると同時に，筆者なりの実証研究を展開する基本的な視角を設定する。さらにこのような基本的視角から1990年代の日本企業における多角化行動の実証的研究を行ない，その諸特徴を明らかにするとともに，理論仮説の検証を実施する。加えて企業がその多角化戦略もしくは非多角化戦略の選択の後に，経営管理の必要上から採用するに至る組織形態について，実証分析を行ない，その組織形態がどのような影響を多角化戦略や経営成果に与えているのかを吟味する。以上のような手順を踏まえて，最終的に新たなファクトファインディングについて，その理論的，実証的意味を総括し，現代企業における多角化戦略行動の本質を解説することとしたい。

第 1 章　多角化戦略研究の現代的意義

3　経営戦略における多角化戦略の位置づけ

　具体的な多角化戦略の分析に入る前に，経営戦略における多角化戦略の位置づけを確認しておきたい。経営戦略とは，企業成長の手段として企業経営に係るあらゆる戦略の総称として用いられる概念である。チャンドラーは経営戦略について，「企業の基本的な目的を設定し，それに応じた長期目標を決定し，その目標を遂行するために必要な行動様式を選択し，経営資源を割り当てること」と定義している。さらに経営戦略という言葉を一般的に定着させたのは，アンゾフ（Ansoff, H. I.）である。彼は『企業戦略論』（1965）の中で，経営戦略を「組織の発展プロセスを指導する新しい意思決定ルールとガイドライン」と定義し，多角化戦略を競争戦略とのオルターナティブとして位置づけている。全社目的の形成・全社目標の選択の後に，社内に存在する経営資源の評価と社外に存在する新たな事業機会の評価を行ない，多角化するか否かの意思決定を行なうとしたのである。その際に，多角化しないという意思決定を行なえば，現在の事業分野でライバル企業との競争戦略を実施することとなり，多角化するという意思決定を行なえば，多角化戦略を実施するとしている。彼はこのように経営戦略を意思決定の観点から分類しているが，他方，ヒル（Hill, C. W. L.）などが『戦略管理論』（1998）で提唱しているように，企業の経営組織の構造に対応した経営戦略の構造を考える場合もある。つまり図1－1のように経営戦略を，コーポレート戦略（Corporate Strategy），グローバル戦略（Global Strategy），事業レベルの戦略（Business-Level Strategy），機能レベルの戦略（Function-Level Strategy）として，企業の経営組織の階層別に分割して考える。

図1-1　経営戦略の構造

```
            コーポレート戦略
          （Corporate Strategy）

            グローバル戦略
           （Global Strategy）

           事業レベルの戦略
        （Business-Level Strategy）

           機能レベルの戦略
        （Function-Level Strategy）
```

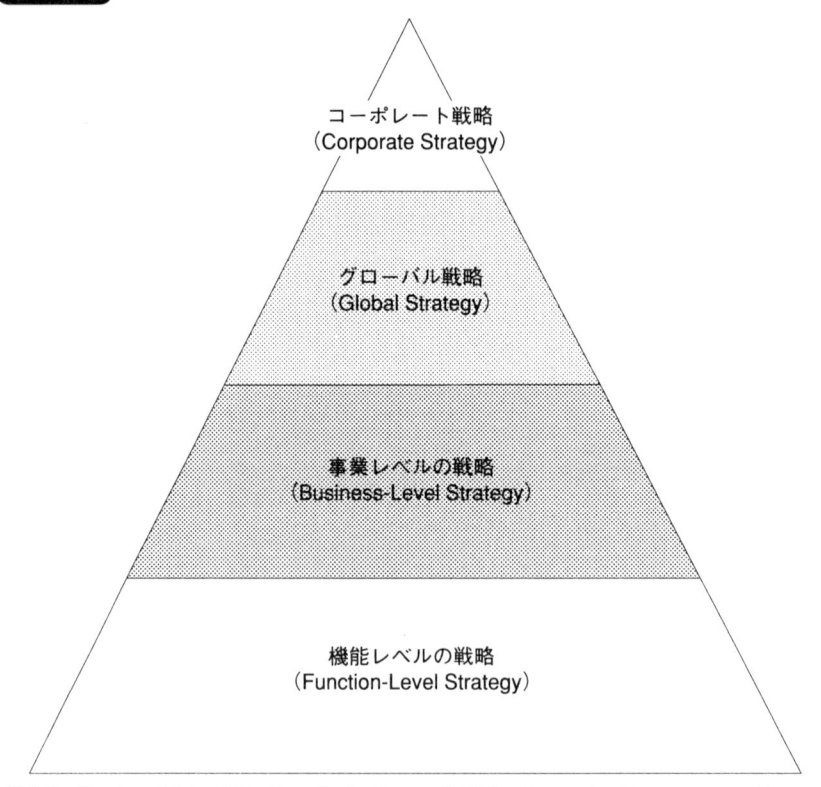

（出所）Charles W. L. Hill, Gareth R. Jones（1998）"Strategic Management Theory" Houghton Mifflin Company. および萩原俊彦（2005）『40歳からの聞くに聞けない経営の話－経営学再入門－』東洋経済新報社

　コーポレート戦略とは，その企業の将来の在り方に係る主要な戦略であり，事業分野の選択と経営資源の効率的な配分が主な役割と言える。合併や企業買収などのM&A（Mergers & Acquisitions），新製品開発，消極的なものとして事業売却などの撤退戦略を含めた多角化戦略および非多角化戦略がコーポレート戦略に含まれる。すなわち事業ポートフォリオの選択が経営者に課せられたコーポレート戦略の中心命題だと考える。しかしながら多角化戦略が全てコーポレート戦略に含まれるかと問

われるとそういうわけではない。国際化戦略であるグローバル戦略を展開していくうちに，当初の意図とは関係なく自然に多角化が実現してしまうこともあり得るし，事業レベルの戦略の成功により多角化が推進される場合や，失敗により非多角化の方向に動くこともある。さらに研究開発戦略，マーケティング戦略，生産戦略，物流戦略，人事戦略，財務戦略，購買戦略といった機能レベルの戦略が，たとえば新製品の研究開発によって新しい事業が立ち上がるという形で多角化の動きに影響を与えることもある。また大企業病を脱するために，起業家のスピリットを取り入れて企業内で新規事業を興そうというイントラプレナーシップなどの取り組みも盛んになっているが，このような新しいことへの挑戦，リスクへの挑戦もトップマネジメントの決断だけで，つまりコーポレートレベルの意思決定だけで成功へと導かれるものではない。多角化戦略を有効に実施するためには，経営トップによるリーダーシップのみに依存していては不可能であり，少なくとも企業の経営組織の中で大きな役割を担う中間管理層などの役割を無視することはできない。このように経営戦略の階層性を論ずるときに，多角化戦略はコーポレート戦略に含まれると明確に言い切れないのは，経営者がコーポレート戦略として多角化戦略を決定したとしても，その実行は企業の指揮命令系統を通じて経営組織に任されるわけであり，職能別組織を採用しているのかあるいは事業部制組織を採っているのかなど，企業の組織形態の問題を抜きにして多角化戦略の全体像を語ることが難しいからである。もちろん経営者の側に立てば，全てを決定しているのは我々であると言うだろうが，PPMを応用した事業ポートフォリオなどの考え方に基づき，経営者がコーポレート戦略として多角化戦略を決定したとしても，その事業が経営者の思惑通りに成長していく保証はなく，そこには組織的要因が絡んでくる要素があると考えられる。

第 2 章

多角化戦略・非多角化戦略の理論的考察 －基本的視角の構築－

　多角化は，本業で十分成長した企業が内部に蓄積された経営資源を，他の事業に振り向けることにより効率的な事業運営を図り，企業価値の最大化を目指す過程として考えるのが従来の理論である。ペンローズは，多角化戦略とは既存の事業分野から継続的にもたらされる余剰経営資源を効率的に活用しようとする企業の成長行動であり，既存事業の展開の中でも，既存の生産技術に基盤を置きつつ現在よりも多品種の製品を生産するようになる場合に起こり得るとしている。さらに既存の生産技術を用いた新しい製品で新しい市場に参入していく場合，また新しい生産技術を用いた新しい製品で新しい市場に参入していく場合に，既存の事業分野からの離脱と多角化が起こり得るとしている。しかしながら注目すべきは余剰経営資源の有効利用という観点だけで良いのか。多角化の本当の利益はどこに存在するのであろうか。

1　多角化の利益とコスト

　企業には多角化できる限界があると考えられている。この限界の存在については，現在でも議論されているが，世界を支配するような大企業

第2章　多角化戦略・非多角化戦略の理論的考察―基本的視角の構築―

が存在しない現実を考えると，企業はその成長の途中で何らかの規模の不経済に直面し，無制限には大きくならないと考えられる。この限界は，その企業独自の資産の特徴，特に他に転用できない企業特殊な資産の多寡と外部環境によって決定されると考えられる。企業の中には，いわゆるバブル期にこの限界を超えて多角化を行なった企業もあるだろう。つまり企業の多角化には最適点があり，景気の拡大期にはこれを越えて多角化を行なう企業が出てくるが，そのような企業の利益は景気が後退するにつれ，最適な状態よりも落ち込んでくると考えられるのである。

一体どのくらいまで多角化できるかという判断については，理論的には多角化による限界利益と限界費用を考えれば良いであろう。多角化の利益は，余剰な技術資源やマーケティング資源，さらには企業ブランド，管理技術，消費者のロイヤリティー，技術開発力等からなる企業特殊な資産の余剰部分を有効利用することにより得られる。これらの資産は，取引市場が不完全であることや資産の使用に外部性の問題があることから基本的には市場で取引されない。それゆえ企業はこれらの資産を多角化戦略によって活用しようと考える。

そのほかに多角化の利益として考慮しなければならないのは，ファイナンス上の利益，つまり企業内金融による内部資金調達が外部資本市場からの資金調達よりも効率的な場合，すなわち企業内金融による利子率が外部資本市場の利子率を下回っている場合に，内部資金調達が有利なことによる利益が考えられる。さらに多角化の利益には，多角化による管理上の利益，つまりエージェンシープロブレムの低減による利益の増加が考えられる。[1]

エージェンシー理論については，次節で詳しく述べるが，エージェンシープロブレムは，株主（Principals）と経営管理者（Agents）の間に生じる利益の相違を起点として発生する。この際に，余剰な経営資源を

多角化戦略に活用することによって低減すると考えられるエージェンシーコストは，インフルエンスコスト[2]と呼ばれる。これはエージェンシーコストの一部を構成する概念で，自らの利害のために意図的に他者の意思決定に影響力を行使して自分に有利に決定を変えさせる，あるいは決定の質を落とさせる，さらにはこうしたインフルエンス活動に対抗する形で新たなインフルエンス活動が発生するという二次的な発生費用も含めた組織内部の非効率に起因する費用として把握される概念である。

　ミルグロムとロバーツ（Milgrom, P. & Roberts, J.）は，『組織の経済学』(1992) において，インフルエンスコストの概念を用いて，高いレベルの管理者の決定に影響を与えようとする活動から生ずる費用を考えた。つまりインフルエンスコストには，合理的な判断よりも個人的な利害を優先させて，企業としての決定あるいは上司の決定を自分の目指す二義的目的に合わせてしまうことによって生ずる費用も含まれる。このインフルエンスコストは，企業に余剰な人的経営資源が蓄積され，経営組織が複雑になればなるほど大きくなると考えられる。さらに言えば高いレベルの管理者層において余剰な人的経営資源の比率が高いほど，その影響力は大きくなると考えられ，結果としてインフルエンスコストは大きくなると予測される。いわゆるエージェンシーコストは静的な概念であり，依頼人（Principals）と代理人（Agents）あるいは代理人同士の契約の束を基本として発生した活動ベクトルの束が，本来の企業目的と乖離する部分だけをコストとして認識したのに対し，ここで言うインフルエンスコストは動的な概念であり，乖離したベクトルは更に正常に機能しているベクトルの方向性までも変え，結果としてコストが莫大なものになる可能性があることを示唆した概念として捉えることができる。企業が成長し企業内部の「契約の束」が複雑になるに従って，インフルエンスコストが企業の内部に発生する可能性は高くなり，その影響も大

第2章　多角化戦略・非多角化戦略の理論的考察—基本的視角の構築—

きくなると考えられる。ペンローズは，成功する企業は絶えず余剰な人的経営資源を，特に経営管理，エンジニアリング，研究開発の要員について蓄積する傾向があると述べ，既存の事業が確立され，経営管理的あるいは技術的な問題が解決されていくにつれ，仕事はますますルーティン化されていき，余剰な人的経営資源が増加するとした。この余剰な人的経営資源を十分に活用していくことが多角化と企業成長のドライビングフォースであるとした。[3] さらに企業の中には，その成長とともに人的経営資源に密着したものとは別に，企業内ノウハウ等の形で無形経営資源が蓄積されていくと考えた。この無形経営資源のある部分は事業の利益に，あるいはその効率的な運営に直接役立っているだろうが，余剰部分も当然に発生してくる。この段階で発生する余剰な無形経営資源も余剰な人的経営資源と同様に多角化のドライビングフォースとして機能すると考えられている。ペンローズはこのような余剰な経営資源を「活用されていない資産」と呼んだ。

　余剰な人的経営資源の蓄積は日本のような特殊な終身雇用制を長年にわたって維持してきた国に該当する事象であって，たとえばアメリカの企業では簡単にレイオフできるからそのような人的経営資源の蓄積はないだろうと考えるかもしれない。しかし実際にはアメリカ企業と言えどもホワイトカラー層はそう簡単にレイオフされるわけではないし，一流企業の中にはデュポンのように日本企業と同様，終身雇用制を採用している企業も多い。現にデュポンでは人事上の高原状態（Plateauing）に長い間悩んでいるが，だからと言って新卒から訓練し育ててきた人材を簡単に手放したりはしない。アメリカの雇用システムで重要な役割を演ずるのは個人の能力ではなくセニョリティーシステム（Seniority System）であり，企業はこのシステムの存在を前提としてレイオフなどによって雇用水準を調整できる。しかしながら雇用保障に対する暗黙の前

提があり，レイオフされた従業員のほとんどはリコールによって職場に復帰できるのが現状である。アメリカ企業というとイメージが先行して，より高い報酬を求めて移動を繰り返すキャリアシステムであると捉えがちであるが，経営管理者層や上級ホワイトカラー層は生産活動における固定的な要素とみなされて，レイオフ率は極めて低く，雇用の危機にはほとんど直面してこなかったのである。またブルーカラー層は景気変動によってレイオフされたが，景気が回復すればリコールによって職場に復帰できる一時的なものが多かった。企業にとっては人的経営資源は相当の価値を持つと考えられるため，簡単に手放すことがないのは日米を問わず当然のことなのである。

　ペンローズの考え方に従えば，一般に余剰な人的経営資源は企業内では埋没費用として扱われている費用であり，多角化プロジェクトを評価する場合，労働力に関する費用を実質的に押し下げ，結果として企業内部における価値計算の上で，新規の多角化プロジェクトのインクレメンタルな価値評価を高めると考えられる。したがって企業価値を最大化するという前提で企業の投資行動が行なわれるとすれば，企業内に余剰な人的経営資源が蓄積されれば，多角化戦略を実施しようとする意識は高まる傾向にあると考えられる。

　またインフルエンスコストの増減という観点から考えてみると，多角化戦略の実施によって，余剰な人的経営資源が新事業へ移動することにより，既存事業のインフルエンスコストが減少すると考えられる。つまり既存の大企業で，大きなインフルエンスコストが存在する場合には，多角化戦略の実施によってインフルエンスコストが減少し，その結果，ダイレクトに企業のコストが低減され，効率的な企業運営が可能となる。したがってインフルエンスコストを考慮すると，インフルエンスコストの源泉を取り除くこと自体に多角化を実施するメリットが存在すること

第2章 多角化戦略・非多角化戦略の理論的考察―基本的視角の構築―

になり，現実の企業の多角化メカニズムを，より説明しやすくなると考えられる。これを図で示すと次のように考えることができる。

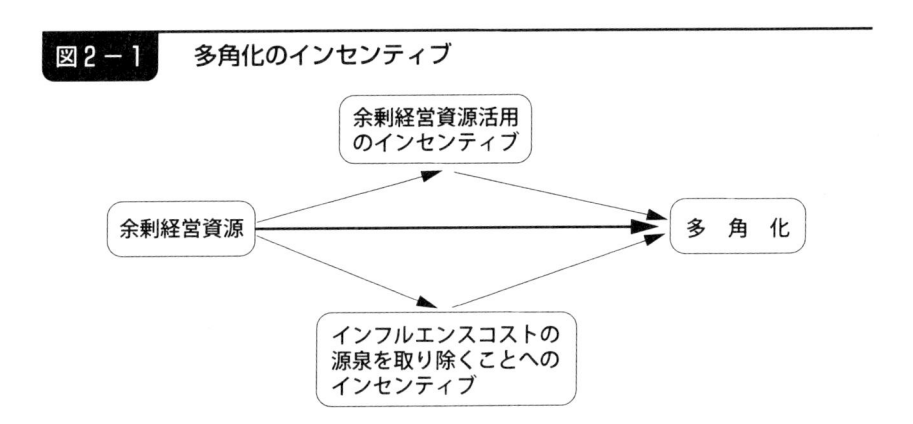

図2−1　多角化のインセンティブ

```
                  ┌─────────────┐
                  │余剰経営資源活用│
              ┌──→│のインセンティブ│──┐
              │   └─────────────┘  │
    ┌──────┐ │                      ↓
    │余剰経営│─┼─────────────────→┌──────┐
    │資源　　│ │                    │多角化│
    └──────┘ │                    └──────┘
              │   ┌─────────────┐  ↑
              │   │インフルエンスコストの│ │
              └──→│源泉を取り除くことへの│─┘
                  │インセンティブ│
                  └─────────────┘
```

　最近の大企業やファイナンシャルバイヤーによる非関連多角化（Unrelated Diversification）の再活発化を見ると，従来の多角化戦略論に見られたようなシナジーの追求により利益を生み出そうとしているわけではない。非効率的に運営されている企業を見つけ出し，その対象企業を買収する。経営管理者を含めた管理者層にインセンティブの大きな雇用契約を提示し，事業運営の効率化を図ることによって，企業買収の利益を得ているのである。つまり従来からの余剰経営資源の活用は当然のこととして，さらに上記で述べたようなノンシナジーの多角化を行ない，インフルエンスコストなどを減少させることによってM&Aの利益を創出する傾向が見受けられる。

　一方，これらの多角化の利益とそれを追求しようとするインセンティブは，企業が多角化を推進すればするほど逓減していくと考えられている。なぜなら多角化しようとする企業は，まずその余剰経営資源を，その企業にとって参入可能な一番身近なマーケットに投入するだろう。も

しそれでも余剰であれば，さらに距離の離れたマーケットに参入を試みるだろう。しかしこれらの余剰経営資源は，元来活用されていたマーケットからの距離が離れれば離れるほど，その競争優位を喪失し低い利潤しか上げることができなくなる。このことは企業が多角化するにつれて，限界利益が逓減することを意味する。

　これに対応する多角化の費用については，リクルート費用，訓練費用，管理者を新しい組織に適合させる費用がかかるほか，経営者が新しい事業経営に必要な情報を集め，必要な指示を発信する情報処理コストが発生する。そのほかに管理のための費用，拡大したヒエラルキーをコーディネートするための費用，さらにはマネージャーが戦略的に今までと異なる取り組みをしなければならない新しい事業において，従来と同じ論理を使用してしまうことによって生じるＸ－非効率[4]に係る費用等が考えられる。

　多角化が進展すると，それにつれてこれらの費用は逓増すると考えられる。たとえば多角化が進むと管理者層が増え，ヒエラルキーが多層になるため，情報処理に要する費用が増加する。また戦略的に異なる新しい事業に対して，従来の仕事と同様のロジックを使用し，結果として不適切なロジックを適用してしまうことによるＸ－非効率に係る費用についても，元来からのロジックが活用されていたマーケットからの距離が離れれば離れるほど，当然にその費用は増大するだろう。このことから多角化の限界費用が逓増することが求められる。

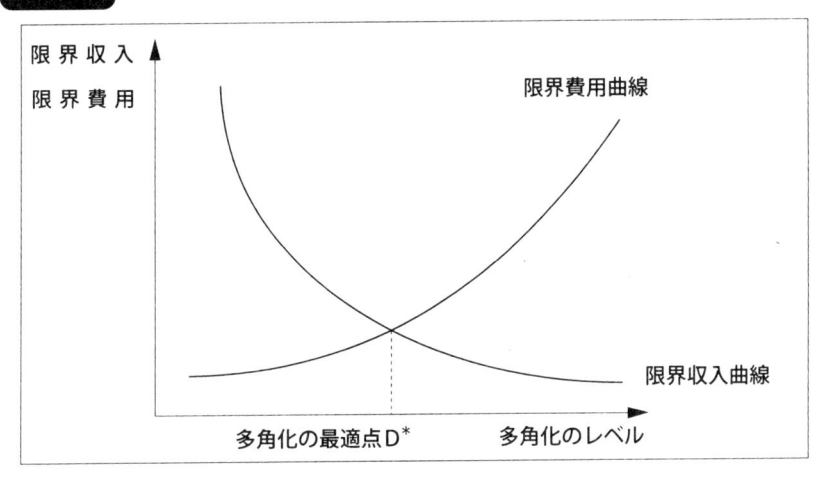

第2章 多角化戦略・非多角化戦略の理論的考察—基本的視角の構築—

図2−2　多角化の限界収入と限界費用

(縦軸：限界収入・限界費用、横軸：多角化のレベル。右上がりの限界費用曲線と右下がりの限界収入曲線が交差する点が多角化の最適点D^*)

　前述の二つの関数から，多角化における限界収入と限界費用が等しくなる点として，多角化の最適点が求められる。もちろん限界収入曲線と限界費用曲線が，それぞれ単調減少と単調増加であることを証明したわけではないので，均衡解が唯一で安定的であると決まってはいないが，これから実証分析を進める上での理論的前提としては十分であると考える。

　また今までの議論では関連多角化と非関連多角化の問題には触れてこなかったが，主として非関連多角化に取り組んでいる企業について考えてみると，限界収入曲線と限界費用曲線が関連多角化を行なっている企業が直面している曲線よりも傾きが立ってくるだけであると考えられる。なぜなら非多角化戦略に取り組む企業は，関連多角化に取り組む企業よりも，いち早く限界収入の減少に直面し，限界費用の増大にも直面すると考えられるからである。

　企業が利潤最大化を行なっているのであれば，均衡点で多角化は終了

17

するはずである。企業は新たな多角化から得られる利益がなくなった時点, すなわち多角化の最適点で多角化活動を終了させるはずである。しかるに資本市場がリストラクチャリングのアナウンスに対して株価上昇の反応を示す場合があること, つまり企業の事業縮小あるいは事業撤退の発表に対して, 株式市場が株価上昇の方向に反応する場合があることは, 過度に多角化している企業の存在を示すものである。

　それでは, なぜ企業は均衡レベルを超えて多角化を行なうのであろうか。まず均衡レベルを超えた多角化活動が存在する理由として, 次のことが考えられる。つまり経営管理にたずさわる者が自分の雇用を守り, 多くの報酬を望むとき, 利益の期待できない事業にも投資して, 企業規模の成長と拡大を図るいわゆる「エンパイアビルディング」(Empire Building) と呼ばれる行為を行なうことである。このことは所有と経営の分離が行なわれている企業の方が, オーナー経営の企業よりも多角化が進展しているという事実が実証されていることからも検証されている。

　経営管理者は資金的な余裕があればあるほど浪費的な投資に向かってしまうとするマイケル＝ジェンセン (Jensen, Michael C.) のフリーキャッシュフロー仮説[5]によると, このように過大な多角化行動は, 成熟企業に多く見られる。成熟企業の経営管理者は, 外部の資本市場のチェックや検閲なしに, 留保利益を過大な多角化に向けての投資に振り向けることができるため, このような現象が起きると考えられている。彼の理論によると株主と株主のエージェントである経営管理者との利害対立は特にフリーキャッシュフローの配分に関して深刻になるとされる。経営管理者は自社のフリーキャッシュフローを自分の保身のために資本コストを下回る利回りしか期待できない不要な投資, エンパイアビルディングなどに振り向けるかメリットのないM&Aなどを行ない企業価値を損なう傾向があると指摘した。この問題の解決策として, マイケル

第2章 多角化戦略・非多角化戦略の理論的考察－基本的視角の構築－

＝ジェンセンは『負債』の存在が組織効率を向上させるのに重要な役割を果たし得ると主張している。既存事業で生み出されたキャッシュは株主に再配分し、新規事業に必要な資金は『負債』＝『借り入れ』によって賄うことで、企業は将来のキャッシュフローを負債の返済に使わざるを得なくなる。その結果、経営管理者が自己の利益だけを満たす不経済なプロジェクトに投資する可能性も減り、エージェンシープロブレムも解決されると言うものである。

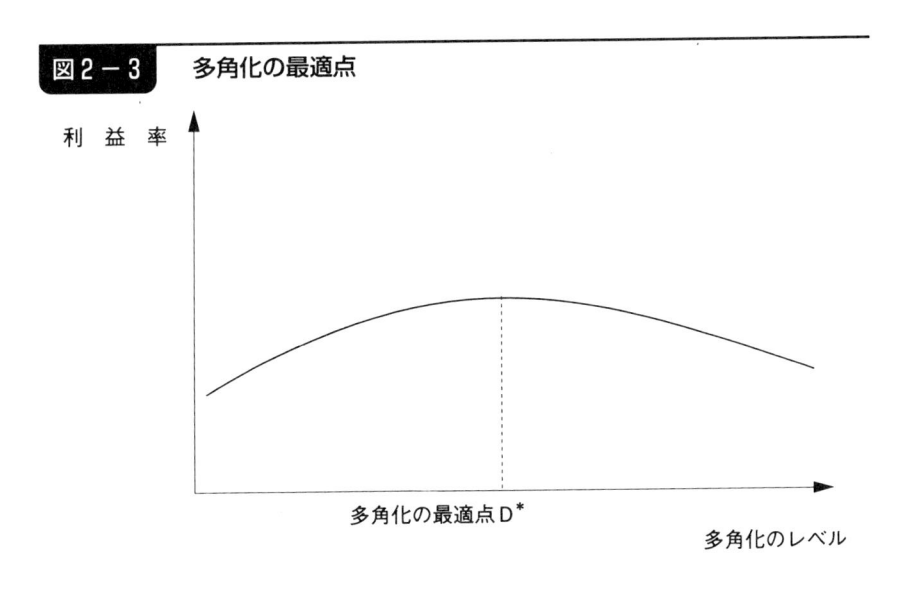

図2－3　多角化の最適点

縦軸：利益率
横軸：多角化のレベル
多角化の最適点 D^*

さらに図2－3に示される多角化の最適点 D^* で事業運営を行ない、利潤最大化を図っている企業においても、最適点に留まらずに過大な多角化に陥ってしまうケースは考えられる。

それは第一に、外部資本市場の効率化が進み、企業内金融が今までのような便益を提供できず、限界収入曲線が下方にシフトした場合である。外部資本市場の効率化が進めば、企業内金融の利用による利益は小さく

なる。さらに外部資本市場が企業内金融よりも効率的になれば、ファイナンス上の利益は消失することになる。これにより生じた限界収入曲線の下方へのシフトにより、多角化の最適レベルは低くなり、以前は最適レベルに位置していた企業も、過大な多角化のレベルに位置することになる。

　第二に、限界費用曲線が上方にシフトした場合にも同様の効果が発生する。このようなケースは、以前と同様の多角化のレベルを前提としていても起こり得る。外部環境の複雑さが増すとともに環境変化がすばやくまた激しくなり、情報処理により多くの費用がかかるようになる場合などが考えられる。

2　エージェンシー理論の視角と取引コスト理論の視角

　エージェンシー理論によれば、企業は「契約の束」であると考えられている。「契約」においては、依頼人（Principals）と呼ばれる主体、企業の中では株主が、自己の目的を達成するための意思決定を専門的能力を持った代理人（Agents）、企業の中では経営管理者に委任する。依頼人は適切なインセンティブ契約を考え出すことによって、代理人の行動をコントロールしようとし、それが結果として企業価値の最大化に結びついていくと考えられる。

　しかし契約が常に完璧に行なわれるわけではないので、エージェンシープロブレムが発生する。エージェンシー理論は、主として株主（Principals）と経営管理者（Agents）の間に生じる可能性のある利益の相違を和らげるような代替的な企業統治の構造をデザインすることを念頭においている。エージェンシープロブレムは、多元的で複雑な組織の中で、第二義な目的の追求であるとか、企業内における政治的葛藤であ

第2章　多角化戦略・非多角化戦略の理論的考察―基本的視角の構築―

るとか，フリーライダーの問題あるいは意図しない情報のねじ曲げと言った形をとってあらわれてくると考えられる。エージェンシープロブレムから派生する費用はエージェンシーコスト（Agency Costs）または，ビューロクラティックコスト（Bureaucratic Costs）と呼ばれている。

　エージェンシー理論によれば，経営管理者と株主の効用関数には自ずから相違点がある。株主は株主利益の最大化を追求し，経営管理者は企業の継続的な拡大を追求する。この傾向はフリーキャッシュフロー仮説のマイケル＝ジェンセンの主張に従えば，潤沢な資金余剰を抱えている企業ほど，より顕著にあらわれることになる。

　経営管理者は，自分の雇用に対するリスクを低減させる戦略を追求しようとするインセンティブを持ち，あるいは報酬が上がることを期待し企業規模を大きくしようとする。経営管理者は IRR の低い儲けのないプロジェクトへの投資を行ない，結果として株主に損失を与えることになる。このエージェンシーコストは，企業内部のフリーキャッシュフローが大きいほど増加する傾向にある。

　エージェンシー理論の視角では，借入金の存在は，このコンフリクトを低減させる統治手段と考えられる。借り入れを実施することによって，経営管理者の利用可能な資金額を引き下げ，フリーキャッシュフローのエージェンシーコストを低下させることができる。但し，この視角では，株主の立場は，株主利益の最大化を追求することにあり，経営管理者の投資判断に対しては中立的であると仮定している。

　借入金に対して，経営管理者は契約により利息を支払わなければならない。もし彼らが浪費的な投資に支出すれば，返済が予定通り実施されなくなる可能性が高くなる。債務不履行になれば，債権者は裁判所に訴え，資産の処分を要求するだろう。この脅威によって経営管理者が浪費的な行動に邁進するのを防ぎ，効率的な資産の運用に向かわせ，結果と

して企業価値を高める。したがって借入金の機能は，余分なキャッシュを吐き出させて経営管理者にとって利用可能なフリーキャッシュフローを減らすことにある。

　このような企業においては，借入金の増大は，フリーキャッシュフローのエージェンシーコストを減少させるように働く。すなわち負債資本比率[6]の決定は，企業の競争的立場に影響を与える。エージェンシー理論を前提とする場合と，取引コスト理論を前提とする場合では，矛盾する予測に行き当たる。この矛盾は，借入金の役割をどう考えるかによって生じてくる。

　一方，取引コスト理論の視角は，次のように把握できる。取引コスト理論は，二つの組織の取引に係る契約関係を問題とする。ウィリアムソン（Williamson, O. E.）は，統治構造によって取引費用が異なると考えた。[7]それぞれの統治構造における取引費用は，その統治構造が必要とするセットアップコストとランニングコストから成り立っていると考えられる。競争的な状況下では，企業は取引コストを最小化するような統治構造を選択する確率が高くなる。ここで特殊な資産になればなるほど，市場で交換するコストは高くなると考えられる。彼はこのような場合には，市場でなく組織のヒエラルキーの方が効率的であると考えた。ここで同様のロジックを多角化資金のファイナンスについて適用してみると次のようになる。[8]

　まず企業と金融提供者との取引は，それによって享受できる便益と償還請求権からなる契約によって判断される。ファイナンスによる事業運営によって発生した利益の所有権は株主に帰属し，直接的に金融提供者に帰属するものではない。償還請求権は経営管理者の行動に対して様々なコントロールの権利を与えるものの，いったん借り入れを行なえば，企業側に契約上の債務不履行がない限り，金融提供者は企業に踏みこん

第2章　多角化戦略・非多角化戦略の理論的考察－基本的視角の構築－

で権利を行使することはできない。したがって金融提供者たる債権者は，資産が効率的に使用されているかどうかについて，経営管理者の行動をほとんど管理できない。つまり債権者は契約条件が満たされている限り，企業管理者がどのような投資を行なおうと，その企業運営に干渉できないのである。

　一方，株主の便益は残余請求権であり確かなものとは言い難い。契約は固定期間ではなく，企業が継続する限り存続する。ゆえに，この株主の投資が保全されているかどうかを確認するために取締役が存在する。取締役会は内部監査を行ない，重要な意思決定について賛否を決議し，経営管理者の報酬を決定し，必要があれば交代を命ずる権限を持っている。したがって経営管理者の行動を継続的に監視し，評価するという点で株式の方が借り入れよりも強力なガバナンス能力を持っていると言える。

　ここで企業特殊な資産への投資をファイナンスするケースを考えてみよう。企業特殊な資産とは，その企業独自の生産技術に基づく生産設備のように特別な用途に使用される資産である。もし企業が債務不履行に陥れば，債権者はその資産を処分して投資資金を回収しようとする。しかしながら差し押さえた資産が企業特殊な資産であれば，他の用途への転用が難しく，かつ売却してもその価値は低く評価され，貸し手は当初の投資額の一部分しか回収できない。この損失額は，その資産が企業特殊であればあるほど増大するだろう。したがって債権者は高度に企業特殊な資産への投資を好まず，汎用的な資産への投資を選好する。ゆえに汎用的な資産への投資資金の調達には借入金が使われる。

　これに対し，その企業以外では転用が効かないような特殊な投資目的への資金調達には株式が使われる。株主は経営管理者を監視して，必要によっては株主自らの意志で，資産の運用を怠るような経営管理者を交代させることができる権利を留保しているがゆえに，特殊性の高いプロ

ジェクトには，株式による資金調達が適していると考えられる。

　このことを製品多角化について応用すれば，企業特殊な資産は関連多角化をより促進する傾向がある。無形固定資産の大きな企業，企業特殊な資産の大きな企業は，ある特定分野に特化しており，そのような資産は非関連多角化に振り向けることはできず，結果として関連多角化へ向かうと考えられる。一方，より焦点の定まっていない戦略，非関連多角化戦略では，使用される資産は高度に特殊なものではない。このように取引コスト理論を前提とすると，企業の所有する資産の特殊性の違いによって，多角化戦略のタイプの違いが発生すると考えられる。取引コスト理論の立場では，特殊な資産に対する効率的なガバナンス形態は株式による資金調達であり，特殊性が低い場合は反対に借入金で賄うのが効率的である。関連多角化を推進する企業は企業特殊な資産に投資し，非関連多角化を行なう企業はより特殊性の低い資産に投資する。したがって関連多角化を行なう企業は株式により，非関連多角化を行なう企業は借り入れによりファイナンスを実施する傾向が強くなるだろう。このことから，次の仮説が導かれる。

仮説１：　（取引コスト理論によれば，）負債資本比率の上昇は関連多角化の程度を低減させる。

　一方エージェンシー理論の観点に立てば，資金調達と多角化戦略の間には全く反対の仮説が成立する。借入金の比率が高い場合には，経営管理者の利用可能なフリーキャッシュフローが相対的に減少し，関連性の高いより確実な投資に振り向けられる傾向が強くなると考えられるので，次のような仮説が導かれる。

第2章　多角化戦略・非多角化戦略の理論的考察―基本的視角の構築―

仮説2：　（エージェンシー理論によれば，）負債資本比率の上昇は関連多角化の程度を上昇させる。

　エージェンシー理論の視角と取引コスト理論の視角の相違点は，以上述べてきた通りであるが，一般に取引コスト理論の説明のほうが，エージェンシー理論の説明よりも汎用性が高いと考えられている。なぜならエージェンシー理論の説明では，利益の出る投資機会が存在する限り，つまり全ての投資プロジェクトのNPVが正であれば，エージェンシーコストは発生せず，債務の役割は問題とならないからである。一方，取引コスト理論による説明は，全ての企業に適用できると考えられている。

　それではいったい日本ではどのような実証的な結果が得られるのであろうか。次章以降において，どちらの仮説が成立するのかを検証しつつ，日本の多角化戦略の実態について解明していくこととしたい。

3　組織構造と多角化，非多角化戦略

　企業の組織構造は，経営戦略を効率的に実施できるようにデザインされなければならない。この考えを最初に指摘したのは，チャンドラー[9]である。彼は戦略目的を効率的に実現するためには，組織構造は戦略に従わなければならないとした。

　このアイデアは，しばしば過度に単純化され誤って使われているが，本当に意味するところは，企業が経営戦略を遂行し，経営成果として経済的便益を享受するためには，その組織構造は経営戦略にフィットしたふさわしいものでなければならないということである。

　ウィリアムソンは，このチャンドラーの考え方を発展させて，組織構

造を大きく分けて,集権的な職能別部門組織を採っているU型 (Unitary Form) 企業と分権的な多数事業部制を採用するM型 (Multidivisional Form) 企業とに分類し,多角化戦略の実施に際しては,「M型企業の形態で企業を編成し運営する方が,U型の組織構造を採用する場合と較べて,新古典派の利潤最大化仮説に近い目標追求と費用最小行動をもたらす」と述べている。[10] この有名なM型仮説については,米国を中心に数々の実証的研究が行なわれてきたが,肯定的な結果,否定的な結果および曖昧な結論が相半ばしている。[11]

しかしながら日本においては,ほとんど実証的な分析は行なわれていない。そこで本書では企業の経営組織について,その組織形態を「職能別組織(F)」,「一部事業部制組織(F+D)」,「事業部制組織(D)」の三形態に分類し,日本の代表的な企業の組織形態がどのように変化してきたかを調査するとともに,次のような独自の仮説を立てて検証してみることとしたい。

仮説3: 多角化の進んだ企業では,「事業部制組織(D)」が有効に機能し,多角化の進んでいない企業では,「職能別組織(F)」が有効に機能する。中程度に多角化を実施した企業においては,組織形態としても「職能別組織(F)」と「事業部制組織(D)」との中間形態である「一部事業部制組織(F+D)」が有効に機能する。

4 多角化と組織の情報処理の基本的関係

本書において,多角化戦略を分析する際の組織の特性については,組織の情報処理活動との関係で次のように考える。

第2章　多角化戦略・非多角化戦略の理論的考察―基本的視角の構築―

　組織の合理性の限界が、「組織の情報処理能力」（Information Processing Capability, IPC）の限界として把握されるとすれば、一方、組織において要求される「組織の情報処理必要量」（Information Processing Requirement, IPR）は、事業の拡がり（Scope）とユニット間の協働の程度によって規定されることになると考えられる。

　「組織の情報処理能力」（IPC）は、ただ単にその組織が巨大な情報システム部門を保持しているとか、社内の情報システム（Information System）が発達しているかどうかというよりも、トップマネジメントを頂点とする組織の中で、情報収集と情報処理活動およびそれに基づいた的確な戦略的意思決定がどれだけスムーズに全社レベルで行なわれているかという全社的な組織形態の効率化の程度によって決定される。したがってトップマネジメントに限定されるわけではないが、たとえばトップマネジメントの個人的な能力が高ければ、その組織の「組織の情報処理能力」（IPC）は上昇する。また社内の情報処理システムが従業員から社長に直接アクセスできるようになっているフラット組織であれば、それは「組織の情報処理能力」（IPC）を拡大するものと考えられる。

　一方、「組織の情報処理必要量」（IPR）は、企業戦略・事業管理の在り方によって規定される。たとえば各事業部間の連携が緊密で、戦略上、製品の研究開発も含めて高度な協働が必要とされるような企業においては、事業の拡がり（Scope）は比較的小さなものにならざるを得ない。細かな情報でも逐一トップまで報告しなければ決断を仰げないような企業の多くはこの範疇に入る。逆に英国のHanson社のように、CEOが事業部間の協働性を保つことを念頭におかず、事業部あるいは子会社の収益性の管理を主体として経営戦略を考えている場合には、「組織の情報処理必要量」（IPR）は極端に少なくて済む。したがってトップマネジメントが掌握することができる事業の拡がり（Scope）は広くなり、

数多くの事業を強いインセンティブ契約で動機づけられた比較的少ない管理者で掌握するため，発生するであろうインフルエンスコストは最小限に抑えることが可能である。事業の拡がり（Scope）とは，大規模な企業組織であれば，ほぼ多角化の程度と近似できるだろう。「組織の情報処理必要量」（IPR）＞「組織の情報処理能力」（IPC）であるとき，組織内部のインフルエンスコストは急激に上昇すると考えられている。[12]

〔注〕
(1) 本書では，多角化の利益を限界利益の観点から分析しているため，本文中に掲げた種類の利益を考察したが，多角化によるリスクの低減効果を否定するものではない。
(2) インフルエンスコストの詳細については，以下の文献を参考にされたい。
Milgrom, P. and Roberts, J. (1992) "Economics, Organization & Management" Prentice Hall pp. 166-203
(3) 詳細については，次の文献を参照されたい。Penrose, Edith T. (1959) "The Theory of the Growth of the Firm" Blackwell
(4) H. Leibenstein は，Ｘ－非効率を，企業の従業員が必ずしも最大限の努力を発揮することがないという前提に基づき，その最大可能な産出量と現実の産出量の差として定義した。彼は，従業員の現状の「努力」の程度を慣性領域（Inert Area）の水準と考えている。("Beyond Economic Man" Harvard University Press (1966) "General X-Efficiency and Economic Development" Oxford University Press (1978) "Inside The Firm" Harvard University Press (1987)）Ｘ－非効率に係る費用もインフルエンスコストも組織的な非効率を示すエージェンシーコストであるが，本書では，Ｘ－非効率を企業の従業員が慣性領域（Inert Area）の内に留まることによる非効率，すなわち新しい事業に対して従来のままの事業運営ロジックに固執することによる非効率

第2章　多角化戦略・非多角化戦略の理論的考察－基本的視角の構築－

と考え，インフルエンスコストを内部政治等に起因する経営資源の非効率的分配に関連する費用として，両者を区別して取り扱っている。

(5) 詳細については，次の文献を参照されたい。Jensen, Michael C. (1986) "Agency Costs of Free Cash Flow, Corporate Finance and Takeovers" American Ecomonic Review Papers and Proceedings 76, pp. 323-329

(6) 本書における負債資本比率は，使用総資本に対する負債の割合である。

(7) 詳細については，次の文献を参照されたい。Williamson, O. E. (1988) "Corporate Finance and Corporate Governance" Journal of Finance, vol. 43 pp. 567-591

(8) 詳細については，次の文献を参照されたい。Kochhar Rahul (1996) "Explaining Firm Capital Structure: The Role of Agency Theory vs Transaction Cost Economics" Strategic Management Journal, Vol. 17, pp. 713-728

(9) 詳細については，次の文献を参照されたい。Chandler, A. D. (1962) "Strategy and Structure" MIT Press

(10) 詳細については，次の文献を参照されたい。Williamson, O. E. (1975) "Markets and Hierarchies: Analysis and Antitrust Implications" Free Press

(11) Riahi-Belkaoui (1995) "The Nature and Consequences of the Multidivisional Structure" では，M型の採用が生産性を向上させ，経営成果に貢献しているという実証結果が出ている。Markides C. (1995) "Diversification, Refocusing, and Economic Performance" では，M型仮説については，統計的に有意な結論は出ていないが，集権的な組織構造が非多角化戦略に有効であるとしている。吉原英樹他 (1982)『日本企業の多角化戦略』では，分権化の進展によって収益性は悪化するという否定的な結果が得られている。

(12) 詳細については,次の文献を参照されたい。Rumelt, R. P., Schendel, Dan E. and Teece David J. (1994) "Fundamental Issues in Strategy" Harvard Business School Press pp. 297-321

第3章

分析のフレームワーク

1　研究対象とする企業

　まず研究対象とするのは，リストラクチャリングの時代あるいはコアビジネスへの回帰の時代と言われる1990年代から21世紀にかけての日本企業の多角化，非多角化戦略の動向である。本当に非多角化の動きが活発であったとすればそれはどの程度か，あくまでも実証データに基づいた分析を行なうことを目標としている。

　さらに実証データと分析結果に基づいて，前章で展開した仮説を検証することにより，多角化戦略，非多角化戦略を生み出している根本要因に迫りたい。次に日本における多角化戦略あるいは非多角化戦略が，企業の経営成果に貢献していると言えるのかどうかを分析する。さらにはM型仮説の検証を通じて，経営戦略の展開とともに企業が管理の必要から採用するに至る組織形態についての実証分析を行ない，多角化の各レベルでどの組織形態がふさわしいかについての検証を行なう。

　企業活動の真の動向を見極めるために，各企業の連結ベースのデータに基づいて，具体的に見ていくこととする。実証分析の対象を選定する

際に，吉原英樹他の『日本企業の多角化戦略』(1982)では，1970年の鉱工業売上高トップ100社，資本金トップ100社，さらに各業種（主要14業種）毎の売上高トップ3社のいずれかに該当する企業として，日本の大企業118社（鉱工業124社中のデータ利用可能な118社）を選び出した。しかしながら，本書では，売上高と資本金だけで日本の代表的大企業という母集団を決めてしまうのでは，いささか母集団に偏りが生じるのではないかと考えた。

現代のファイナンス理論からすれば，企業活動とは究極的に企業価値を創造するものであり，キャッシュフローの現在価値を用いた企業価値で代表的な日本企業のサンプルを選定することが本筋であろうが，キャッシュフローに関する情報はまだ日本では比較可能なデータが乏しいことから，ここでは1996年の鉱工業売上高トップ100社，資本金トップ100社に加えて利益のカテゴリーを重視し，営業利益トップ100社，経常利益トップ100社，当期純利益トップ100社，のいずれかに該当する企業として，日本の大企業142社（選出された鉱工業156社中のデータ利用可能な142社）を選び出した。

なお過去の研究にあるような主要業種から何社ずつという選択方法は，今回は採用しなかった。これは，そのような選択はかえって日本の代表的企業という母集団を歪めてしまうと考えたからである。特に利益の面から眺めると，ここ数年で大企業の栄枯盛衰が激しく，主要業種の定義そのものも急速に変化しつつあると考えられる。

上記142社の多角化のパターン等の判断基礎となった各企業の財務データについては，原則として有価証券報告書の公開データ[1]を使用している。

2　多角化戦略の定義

　多角化戦略の分類法としては，先に述べたように古典的な研究としてルメルト（Rumelt, R. P.）を中心とするハーバードビジネススクールが，欧米の大企業の多角化戦略の変遷を実証的に調査する時に展開した分類法がある。この分類は説得的かつ操作性の高いもので，企業戦略をまず大きく専業型と多角化型に分ける。

　そのうち，多角化型の中でも一見すると多様に思える製品分野が一つの素材から加工された最終製品まで長い生産工程で密接につながっているものを垂直的統合戦略と呼んで，一つのカテゴリーとする。それ以外の通常の多角化戦略については，製品分野間の比重のパターンによって，本業中心型，関連分野型，非関連型に分類する。

　本業中心型とは，本業と呼べるような製品分野を持ち，かつ多少の多角化をしているケース，関連分野型とは，本業と言えるような比重の大きい分野があるわけではないが，一定比率以上の分野が市場関連あるいは技術関連を持っているケース，非関連型とは，関連の深い分野をつなげて考えても，企業全体に占める比重はあまり大きくないケースである。

　これらについては後から述べるように定量的に分類していくが，さらに本業中心型と関連分野型については，各製品分野相互間の関連の定性的パターンによって，集約的なものと拡散的なものに分類する。

　集約型とは，製品分野間の関連が網の目状に緊密であるときで，経営資源を様々な分野で共通利用するような多角化のタイプである。一方，拡散型とは，様々な経営資源が企業内に蓄積されるが，それらが相互に緊密な共通利用関係を生じることなく新分野に進出，いずれその新分野で蓄積した経営資源をベースに，さらに新しい分野に進出するというパ

ターンである。

　これらの分類の根底にあるのは、ルメルトの分類法で「単位事業」と呼ばれる概念である。ある製品分野が単位事業であるとは、その事業の規模や性格を基本的に変更する意思決定を、他の事業からの制約を受けることなしに行なえること、また他の事業の規模や性格に重大な影響を与えることなしに行なえることを意味している。この意思決定の相対的独立性は、より具体的には次の三種類の決定の独立性として理解できる。

(1) 規模の著しい拡大・縮小、あるいは全面的な撤退の意思決定
(2) 生産技術、製造工程、使用原材料を大きく変更する意思決定
(3) 製品の価格、品質、サービスを大きく変更する意思決定

　これらの意思決定のどれか一つでも他の製品分野とは独立して行なえるとき、その製品分野は一つの単位事業と見なすことができる。これに対し、他の製品分野と一体的でないとこれらの意思決定が下せないときには、その製品分野は一つの単位事業ではなく、単位事業の構成要素の一つに過ぎない。基本的には、本書でも、このルメルトの戦略タイプ分類を使用し、次の通り各戦略グループを分類することとした。

　この戦略タイプの判定手続きは、具体的には特化率(SR：Specialization Ratio)、垂直比率(VR：Vertical Ratio)、関連比率(RR：Related Ratio)という三つの多角化の定量的尺度を順次用いる形で段階的に行なっていく。

専業型(S：Single)　　　　　　　　　…専業戦略
垂直型(V：Vertical)　　　　　　　　…垂直的統合戦略
本業・集約型(DC：Dominant-Constrained)…本業中心集約的
　　　　　　　　　　　　　　　　　　多角化戦略
本業・拡散型(DL：Dominant-Linked)　…本業中心拡散的
　　　　　　　　　　　　　　　　　　多角化戦略
関連・集約型(RC：Related-Constrained)…関連分野集約的
　　　　　　　　　　　　　　　　　　多角化戦略
関連・拡散型(RL：Related-Linked)　　…関連分野拡散的
　　　　　　　　　　　　　　　　　　多角化戦略
非関連型(U：Unrelated)　　　　　　　…非関連多角化戦略

　特化率（SR）は，一つの企業全体の中で最大の売上規模を持つ単位事業が全売上高に占める構成比のことである。つまり一つの分野への特化の程度を示す尺度である。垂直比率（VR）は，垂直的統合という関連性を持った単位事業のグループがあるとき，そのグループ全体の売上げが全売上高に占める構成比である。関連比率（RR）とは，技術や市場で何らかの形でつながっている単位事業のグループがあるとき，その中で最大の売上規模の関連事業グループが全売上高に占める構成比のことである。垂直比率と関連比率を別扱いするのは，垂直的統合という専業戦略にごく近いと考えられる特別な戦略を，水平的な本来的な意味での多角化戦略と明確に区別する必要があるからである。具体的なタイプ分けは次のように行なう。

第3章 分析のフレームワーク

> もし、　　SR＞95％，であれば、その企業は専業型(S)と判定される。
> もし、　　70％≦SR≦95％，であれば、その企業は本業型となる。
> このとき，VR≧70％，であれば、垂直型(V)と判定される。
> さらに、　SR＜70％かつRR≧70％であれば関連型(R)，
> 　　　　　SR＜70％かつRR＜70％であれば非関連型(U)となる。

　この戦略タイプの判定には，単位事業の認定，事業間の関連の有無の認定，関連のパターンの判定という三カ所に主観の入り込む余地があり，完全に客観的とは言えないが，過去の研究でも言及されている通り，完全な客観性にこだわるのは，戦略の分析という見地からむしろマイナスであろう。また本書で用いたデータは，原則として有価証券報告書の連結セグメント情報などであるが，この区分はおそらく厳密な単位事業の概念よりもかなり大括りなものである。しかしながら単独決算数値を使用して，子会社を通じての多角化戦略を展開する企業を分析の埒外におくという問題を引き起こすよりも，日本にはまだ連結ベースの公開情報が極端に少ないというデータ上の制約はあるものの，あえて連結情報[2]による分析を行ない，企業活動の全体像に迫ることとした。

3　多角化度指数の導入

　前節の戦略タイプは，定性的なことも考慮した多角化の尺度で，またその尺度自体が分類という定量的でない尺度となっている。このため分析においては戦略タイプと併用して定量的な多角化の尺度が使用できるように，多角化度指数（DI：Diversification Index）を用いる。

$$DI = \left(1 - \sqrt{\sum_{i=1}^{n} p_i^2}\right) \times 100$$

　この多角化度指数は，産業組織論で市場集中度の尺度としてよく使われるハーフィンダル指数の考え方を応用して作られたもので，n個の事業分野を持つ企業の第i番目の分野の売上構成比をP_iであらわす。但し，この指数ではシェアが2乗されるために，相対的に大きな製品分野が大きく示されて，小さな製品分野が小さく評価されるという欠点を持っている。なお分類基準については日本標準産業分類（SIC）を採用する。2桁の日本標準産業分類によって区分すると，食料品製造業とか繊維工業といった極めて広い括りになってしまい，細かな戦略動向を把握しきれない。しかしながら，4桁の基準による産業区分は製品構成の多角化まで区分している部分があり，細か過ぎると言わざるを得ない。したがって，本書の分析は3桁のSIC基準によって行なわれる。

〔注〕
(1) 研究開発費については，一部，野村総合研究所のデータを使用している。
(2) 142社の中には，SEC基準の会社を含んでいるため，多角化の程度と利益率の分析では，比較的影響の少ない営業利益段階のものを主体とした。

第4章

多角化戦略の基本的な動向

　二十世紀最後のデケイドにあたるこの時代は，日本企業がいわゆるバブル経済を経験し，それが崩壊をした後の日本経済の縮小期あるいは停滞期として位置づけることができるであろう。この時期に日本の代表的な企業が実際にどのような多角化戦略あるいはコア事業への回帰戦略としての非多角化戦略を展開したか，その概要を明らかにすることにより，日本企業の全体としての多角化戦略動向がつかめると考える。

1　戦略タイプの分布

　日本の代表的企業142社は，一体，この時期にどのような多角化戦略を採用してきたのであろうか。1991年，1996年の各年度においてルメルトの方法論に従った戦略タイプ別分類を行ない，その分布を示したのが，表4－1である。

　この時期には，景気の後退に伴うコアビジネスへの回帰あるいは事業のリストラとの関連から，関連・拡散型（RL）や非関連型（U）が減少し，専業型（S）及び本業・集約型（DC）さらには関連・集約型（RC）が増加するものと予想されていた。ところがその実態は，専業型

表4−1　戦略タイプの分布

年度 戦略タイプ	1991年		1996年		増減
	企業数	構成比	企業数	構成比	
専業型(S)	28	(19.7%)	25	(17.6%)	−2.1%
垂直型(V)	10	(7.0%)	10	(7.0%)	0.0%
本業・集約型(DC)	25	(17.6%)	27	(19.0%)	1.4%
本業・拡散型(DL)	16	(11.3%)	14	(9.9%)	−1.4%
関連・集約型(RC)	39	(27.5%)	32	(22.6%)	−4.9%
関連・拡散型(RL)	18	(12.7%)	25	(17.6%)	4.9%
非関連型(U)	6	(4.2%)	9	(6.3%)	2.1%
合計	142	(100.0%)	142	(100.0%)	0.0%

(S)と関連・集約型（RC）は減少し，関連・拡散型（RL）や非関連型（U）が増加するといった予想とは反する結果があらわれている。

専業型（S）は，この5年間で2.1％減少している。本業型（DC・DL）及び関連型（RC・RL）は，括ってみると構成比は変化していない。また非関連型（U）は，2.1％増加しているというのが，今回の調査結果の特徴と言える。

全体としての戦略タイプ毎の増減のパターンを過去の研究と比較してみると，1991年から1996年にかけての増減パターンは，高度経済成長が華やかなりし頃の1968年から1973年にかけての増減パターンと類似している。

相違点は，1991年から1996年にかけての期間の場合，関連・集約型（RC）が大きく減少し，非関連型（U）が，2.1％増加したのに対し，1968年～1973年では，この両者に特に変動がなかったことである。

垂直型（V）については，垂直的統合戦略が，基本的には特定の事業分野への関与を強く持つ性格であることから，多角化とは逆方向の戦略としての特徴を有する。今回の調査でも，その特徴が如実にあらわれて

第4章　多角化戦略の基本的な動向

表4-2 戦略タイプの構成比の増減（1958年～1973年）

期間 戦略タイプ	1958年～ 1963年	1963年～ 1968年	1968年～ 1973年	1958年～ 1973年
専業型（S）	−1.7%	−5.1%	−2.6%	−9.4%
垂直型（V）	2.1%	3.3%	0.0%	5.4%
本業・集約型（DC）	−3.9%	−0.8%	0.8%	−3.9%
本業・拡散型（DL）	−0.2%	2.6%	−1.7%	0.7%
関連・集約型（RC）	4.6%	−5.1%	0.0%	−0.5%
関連・拡散型（RL）	0.3%	5.9%	3.4%	9.6%
非関連型（U）	−1.2%	−0.8%	0.0%	−2.0%

（出所）吉原英樹他（1982）『日本企業の多角化戦略』日本経済新聞社

おり，垂直型の戦略については，この戦略を採用するとなかなか脱出できない特殊な戦略，つまり戦略不変の状況を長期間維持せざるを得ない戦略として位置づけられた。戦略タイプ別の増減率から判断すると，1990年代においても，多角化戦略は後退するどころか，むしろ全体としては推進される方向にあったことをうかがい知ることができる。この傾向をはっきりさせるために，次節では戦略タイプの変化について観察することとしたい。

2　戦略タイプの変化

　多角化戦略に関する企業行動は，次の三つのカテゴリーに分類することができる。第一は，同じ戦略タイプをとり続ける行動，いわゆる「戦略不変」の行動である。第二は，非多角化戦略つまりコアビジネスへの回帰を模索し，事業の集中化を行なう行動である。たとえば1991年に関連・拡散型（RL）の戦略をとっていた企業が，1996年に本業・拡散型（DL）の戦略になっていたならば，その企業は集中化の行動をとったことになり，ここではそれを「本業回帰」と呼ぶ。第三は，一層の多角化

を目指す行動で，たとえば1991年に本業・集約型（DC）の戦略をとっていた企業が，1996年に関連・拡散型（RL）の戦略になっていたならば，その企業は多角化の推進行動をとったことになり，ここではそれを「多角化推進」と呼ぶ。

表4－3　戦略タイプの変化

戦略変化の種類	1991～1996年
戦略不変	82.4%
本業回帰	4.9%
多角化推進	12.7%
合　　計	100.0%

　この分類を示したのが表4－3である。大きな動きを見ると，1991年と1996年で戦略タイプが同じであった戦略不変の企業が，全体の8割に達しているのが注目される。これも先ほどの増減パターンと同様に，1968年～1973年の戦略タイプの変化と類似している。1968年～1973年には，戦略不変が89.9％，本業回帰が3.3％，多角化推進が6.8％という状況で，多角化推進の構成比が，本業回帰の構成比を上回っていたが，今回の分析でも，一方で本業回帰の行動をとる一群の企業があるものの，それを大きく上回る企業が多角化推進の行動をとっており，このルメルト流の戦略分析による限りにおいては，全体としては多角化を推進している企業が相対的に多いと結論づけられる。

3　戦略タイプの移動

　1991年から1996年の5年間について戦略タイプ間の移動を示したのが，表4－4である。この表を行で見ると，たとえば1991年に専業型（S）

の戦略タイプを採用していた企業28社は，1996年の段階では，専業型（S）の戦略タイプに留まった24社と本業・集約型（DC）の戦略タイプに変化した2社および本業・拡散型（DL）の戦略タイプに変化した2社に分かれていくことを示している。また，この表を列で見ると，1996年の段階で関連・拡散型（RL）の戦略タイプをとっている企業は，25社あり，それらの企業は1991年当時，本業・集約型（DC）2社，本業・拡散型（DL）4社，関連・集約型（RC）3社，関連・拡散型（RL）16社であったことがわかる。

表4－4　戦略タイプ間の移動（1991～1996年）

1991年の戦略タイプ＼1996年の戦略タイプ	専業型(S)	垂直型(V)	本業・集約型(DC)	本業・拡散型(DL)	関連・集約型(RC)	関連・拡散型(RL)	非関連型(U)	計
専業型(S)	24		2	2				28
垂直型(V)		10						10
本業・集約型(DC)			21	1	1	2		25
本業・拡散型(DL)	1			10		4	1	16
関連・集約型(RC)			4		30	3	2	39
関連・拡散型(RL)					1	16	1	18
非関連型(U)				1			5	6
計	25	10	27	14	32	25	9	142

表4－4から言える第一の特徴は，（S）型から（D）型へ，（D）型から（R）型へといった変化，すなわち多角化を加速する方向への変化が，その逆の変化，すなわち多角化に逆行する方向への戦略変化に較べ，相対的に多く見られることである。多角化に逆行する方向への戦略変化が7例（4.9%）であるのに対し，多角化を進行させるような変化は，19例（13.4%）見られる。これは，この時期における戦略変化で見ると，いわゆるリストラ戦略，つまり非多角化戦略への転換により事業を縮小

する動きが優勢かと思われていたが，実際には多角化をより推進していく戦略変化が優勢となっていたことを示すものである。

第二の特徴は，5年後にも同じ戦略に留まるラインが安定的だということ，つまり116社（81.7％）の企業が持続的に同じ戦略を堅持しているということである。この特徴は，過去の15年間にわたる研究でも顕著であったので，5年間という期間が短かったためとは必ずしも言えないだろう。多角化戦略の推移を研究する場合には，5年，15年といった期間ではなく，もう少し長期間にわたる同じレベルの資料での比較検討が重要なのかもしれない。

ちなみに米国における1981年から1987年の6年間の研究では，非多角化への変化が20.5％であるのに対し，多角化を進行させるような変化は8.6％，さらに戦略不変の企業は70.9％であり，非多角化への大きな動きが見られる。[1]

日本における第三の特徴は，第二の特徴とも関連するが，特に専業型（S）と垂直型（V）の戦略が安定的であることである。過去の日本の研究では，垂直型（V）は流入が多く流出の少ない，いわば行き止まりの戦略として位置づけられていたが，今回の分析では，流入もなければ流出もない孤立した特異な戦略として位置づけられた。

4　戦略タイプの国際比較

さらに日本企業の多角化動向が，他の主要先進国の動向と較べてどのような特徴があるのかを調べてみると次のようになる。[2] この国際比較から注目されるのは，日本企業における多角化のレベルの相対的な低さである。1970年の時点において，関連型（R）や非関連型（U）といった積極的な多角化戦略を採用している企業の比率は，米国の63.0％を筆

頭に，英国60％，イタリア57％，ドイツ56％，フランス52％と，いずれの国も過半数を超えている。これに対し日本企業では，1996年の時点でも46.4％と，1973年時点とほとんど変化のない比率である。

表4－5　戦略タイプの国際比較

戦略タイプ	日本 (1996) (％)	日本 (1991) (％)	日本 (1973) (％)	米国 (1987) (％)	米国 (1974) (％)	英 (1970) (％)	独 (1970) (％)	仏 (1970) (％)	伊 (1970) (％)
専業型(S)	17.6	19.7	16.9	30.4	14.4	6.0	22.0	16.0	10.0
本業型(D)	35.9	35.9	36.4	28.1	22.6	34.0	22.0	32.0	33.0
関連型(R)	40.1	40.2	39.9	22.4	42.3	54.0	38.0	42.0	52.0
非関連型(U)	6.3	4.2	6.8	19.0	20.7	6.0	18.0	10.0	5.0
高度多角化(R+U)	46.4	44.4	46.7	41.4	63.0	60.0	56.0	52.0	57.0

（出所）著者の研究および Markides, Constantinos C. (1995) "Diversification, Refocusing, and Economic Performance" The MIT Press および吉原英樹，佐久間昭光，伊丹敬之，加護野忠男（1982）『日本企業の多角化戦略』日本経済新聞社および Rumelt, Richard P. (1974) "Strategy, Structure and Economic Performance" Harvard Business School Press に基づき，著者作成。

米国は1974年の時点で高度に多角化していたが，その後1987年になると大幅にその数値を低下させており，いったん多角化が進んだ後，非多角化戦略への転換が進展したことがわかる。日本においては，多角化の到達レベルが明らかに低く，かつ欧米並の進展を見せないままに現在に至っていると考えられる。つまり日本は，多角化戦略が未成熟なままに，世界的なリストラクチャリング，コアビジネスへの回帰の波に巻き込まれたと考えられる。

それではなぜ日本企業は，特殊な展開を見せているのであろうか。まず1970年の時点での進捗が遅れた最大の原因は，日本の高度経済成長に求められるであろう。経済全体が大きく拡大するときには，ほとんど全ての事業分野も拡大し，その分野で事業を行なう企業にそれぞれ十分な

成長機会が提供される。したがって新しい事業分野に成長機会を求めなければならない必要性は、日本経済が高い成長を実現しているときにはそれほど大きくなかったと考えられる。

それではその後の展開をどう考えたらよいのか。日本は高度経済成長の影響で欧米に較べて大きなタイムラグを持ちながら多角化を進展させていたと考えられるが、ある時点でアメリカをはじめとする欧米の多角化がピークに達し、世界的な流れが非多角化へと向かうようになった。日本は本格的な多角化戦略の展開ステージを迎えることなく、この時点で世界的なコアビジネス回帰の流れに巻き込まれたと推定される。

5　多角化度指数から見た多角化,非多角化の動向

定性的な戦略タイプによる分析では前節のようなアウトラインになるが、定量的に多角化度を把握する多角化度指数を用いるとどのような結果になるだろうか。具体的に多角化度指数[3]が、いままでの分析に使用した戦略型とどのような関係になっているかを調べるため、各戦略タイプ毎の多角化度指数の平均値をとってみると表4－6のようになる。

1991年と1996年の両年度で、垂直型（V）の平均値が本業・集約型（DC）と本業・拡散型（DL）の各々の平均値よりも大きくなっている点と、1991年の非関連型（U）と関連・拡散型（RL）の平均値が逆転しているが、全体としてみると、戦略タイプと多角化度指数とは緊密な対応関係にあると言える。両者の相関係数も1991年は0.856, 1996年は0.844となっており、統計的にも両者の関係が深いことが立証された。

多角化度指数については、純粋に定量的な測定であることから、より客観的に多角化の程度を計る道具として、オーソドックスではあるが定性的な評価を含む戦略タイプの分類と併用することによって、さらに多

表4-6　戦略タイプと多角化度指数

戦略タイプ	1991年 指数	1991年 企業数	1996年 指数	1996年 企業数
専業型(S)	2.0	28	2.8	25
垂直型(V)	22.3	10	24.1	10
本業・集約型(DC)	16.1	25	16.2	27
本業・拡散型(DL)	18.1	16	17.8	14
関連・集約型(RC)	35.4	39	35.4	32
関連・拡散型(RL)	38.0	18	37.1	25
非関連型(U)	34.2	6	40.1	9
全体	22.8	142	24.1	142

角化戦略の実態を分析していくこととする。

　表4-7は、多角化度指数の1991年から1996年にかけての変化の程度を示したものである。この期間に142社のうち、54社（38％）の企業が多角化度指数を下げ、88社（62％）の企業が多角化度指数を上昇させている。1964年から1974年の間に多角化度指数を減少させた企業が26％、

表4-7　多角化度指数の変化

DI (96) − DI (91)	企業数	累計
$\triangle DI \leqq -5$	5	5
$-5 < \triangle DI \leqq -4$	6	11
$-4 < \triangle DI \leqq -3$	4	15
$-3 < \triangle DI \leqq -2$	4	19
$-2 < \triangle DI \leqq -1$	8	27
$-1 < \triangle DI \leqq 0$	27	54
$0 < \triangle DI \leqq 1$	27	81
$1 < \triangle DI \leqq 2$	18	99
$2 < \triangle DI \leqq 3$	7	106
$3 < \triangle DI \leqq 4$	11	117
$4 < \triangle DI \leqq 5$	4	121
$5 < \triangle DI$	21	142

一方,上昇させた企業が74%であったこと[4]と比較すると,どちらの時代も多角化と非多角化の双方への動きが存在するものの,1990年代の方が非多角化への動きが大きいことが読みとれる。コアビジネスへの回帰が盛んに行なわれた1981年から1987年の米国では,多角化度指数を減少させた企業が49%,一方,上昇させた企業が51%であったことを考え合わせると,日本でも米国ほど激しくはないが,非多角化への確実な動きが見られたことがうかがえる。

この期間における多角化度指数の変化の平均値は1.25,さらに標準偏差は4.15であった。そこで多角化度指数で計測して3を超える減少があった場合を非多角化(高度)と定義し,3以下の場合を非多角化(低度),同様に3を超える上昇を多角化(高度),3以下の場合を多角化(低度)と分類して,どのような多角化の程度の企業が多角化戦略を採用し,また非多角化戦略を採用しているのかを分析してみると表4-8のようになる。

表4-8　多角化度指数の変化の程度による多角化,非多角化

	全体	非多角化(高度)	非多角化(低度)	多角化(低度)	多角化(高度)
平均値	24.1	18.9	23.2	24.3	26.9
標準偏差	14.8	9.8	16.7	14.9	13.9
P値*		0.042	0.387	0.462	0.146
企業数	142	15	39	52	36

(*P値は全体の母平均との平均値の差の検定量(片側))

表4-8から,高度な非多角化戦略を行なった企業は,調査企業全体の中でも平均より多角化の程度の低いレベルに集中していることがわかった。母平均の差の検定も統計的に有意な値を示している。さらに統

計的に有意な水準までは到達していないが，高度な多角化戦略を採用した企業は，代表的企業全体の中でも平均より多角化の程度の高いレベルにあることが，この表から読みとれる。つまり，この時期において非多角化と多角化の錯綜した動きが観察され，非多角化戦略を採用して集約化の方向に向かった企業群と，さらに多角化の程度の高いレベルへと多角化を推進していった企業群の二つのグループの存在が明らかになった。

6　非多角化戦略の効果

　非多角化への動きを計測するには，今まで述べてきた戦略型の変化を計測すること，多角化度指数の減少を計測すること，新聞発表等，企業のアナウンスに基づいてデータを構築することの三通りが考えられる。ここでは戦略型の変化と多角化度指数の減少を非多角化戦略の実施と考え，これが利益率にどのように影響を与えていたかを分析してみることにする。最初に戦略型の変化を非多角化戦略の実施と捉えて，1996年の営業利益率を従属変数とすると，表4－9のように分析される。

　戦略型の変化を非多角化戦略の実施と捉えて分析すると，非多角化戦略の実施は，営業利益率とは統計的に有意な関係を持っていなかったが，係数からは，営業利益率を上昇させる傾向にあることがわかった。そこでさらに，多角化度指数の減少を非多角化戦略の実施と捉えて，1996年の営業利益率を従属変数とすると，表4－10のように分析される。

　多角化度指数の減少を非多角化戦略の実施と捉えて分析すると，非多角化戦略の実施は，営業利益率と統計的に有意な関係を持っていることが判明した。回帰係数からは，営業利益率を上昇させる傾向にあることがわかった。つまり企業は利益が最大になるようなレベルで多角化をストップさせているわけではなく，ある時期にはそれを超えて多角化を推

表4-9　1996年の営業利益率の決定要因の分析—戦略型による

独立変数	回帰係数	t値
定数	9.153	
非多角化戦略の実施	1.540	0.60
売上成長率	0.033	1.73[c]
負債資本比率	−1.242	4.27[a]
企業規模	−1.255	2.08[b]
事業部制	−1.634	1.33
決定係数 (R^2)	0.201	
データ数	142	

a：1％水準で有意　b：5％水準で有意　c：10％水準で有意

表4-10　1996年の営業利益率の決定要因の分析—多角化度指数による

独立変数	回帰係数	t値
定数	8.294	
非多角化戦略の実施	1.934	1.70[c]
売上成長率	0.035	1.84[c]
負債資本比率	−1.203	4.17[a]
企業規模	−1.151	1.92[c]
事業部制	−1.570	1.29
決定係数 (R^2)	0.215	
データ数	142	

a：1％水準で有意　b：5％水準で有意　c：10％水準で有意

進してしまうこと，また過度に多角化した企業は，1996年の時点で，非多角化戦略を実施することにより，経営成果を高めている傾向にあることが観察された。

第4章 多角化戦略の基本的な動向

〔注〕

(1) Markides, Constantinos C. (1995) "Diversification, Refocusing, and Economic Performance" The MIT Press の1981～1987の分析結果に基づく。

(2) 本書独自のデータおよび Rumelt (1974), Markides (1995), 吉原英樹他 (1982) に基づく。

(3) 本書の分析において，多角化の程度を数値化するために戦略タイプと併用して使用する多角化度指数（DI：Diversification Index）の定義式を再掲すると，次の通りである。

$$DI = \left(1 - \sqrt{\sum_{i=1}^{n} p_i^2}\right) \times 100$$

(4) 詳細については，吉原英樹他 (1982) を参照されたい。

第 5 章

多角化戦略,非多角化戦略と経営成果の実証分析

それでは企業の多角化行動,非多角化行動がどのように発生してくるのか,また,それが企業の経営成果といったいどのような関係にあるのか,前章までの数量的な概観を考慮に入れながら,回帰分析を用いて実証的に明らかにしてみたい。

1 多角化行動のメカニズム

今までの分析から,それでは一体,企業の多角化の程度を決定しているものが何であろうかを考えていこう。ここでは多角化の程度を前述した多角化度指数で測定することにより,1996年の多角化の程度を決定している要因を追究することとしたい。

まず第一に過去の時点における多角化の程度,ここでは1991年の多角化度指数が影響を与えていると考えられる。この関係を式であらわすと,1996年の多角化度指数(DI_t)は,1991年の多角化度指数(DI_{t-1})と,多角化度指数以外の要因(X_i)によって説明されることになり,次のようになる。

第5章　多角化戦略，非多角化戦略と経営成果の実証分析

$$DI_t = aDI_{t-1} + \sum_{i=1}^{n} b_i X_i + const.$$

　過去の多角化度指数以外の要因としては，今までの分析から企業が利益の落ち込みを認識して，戦略行動を実行すると仮定して，両時点の営業利益率の差を独立変数として選択した。これは企業の戦略行動の起点として，営業利益の落ち込みを企業が経営の危機として認識し，その認識が企業を多角化行動あるいは非多角化行動へと向かわせると考えたからである。

　次に余剰な経営資源の蓄積が多角化をもたらすというペンローズ理論の視点から資産利益率を独立変数として選択した。資産利益率の高い企業では余剰な経営資源が多く蓄積される傾向にあり，資産利益率の高い企業ほど多角化を進展させると考えたからである。

　また企業規模が大きいほどインフルエンスコストなどのエージェンシーコストは大きくなり，それらのコストを取り除くことへのインセンティブが増加し，結果として多角化が進展するだろうと予想して，企業規模を独立変数として選択した。なお企業規模は売上高で計測した。

　さらに組織形態が多角化の程度に影響を及ぼすことを考慮して，組織形態を独立変数として選択した。つまり過去の多角化度指数以外の要因としては，営業利益率差，資産利益率，企業規模および組織形態を選択したことになる。表5－1は上記の前提に基づいて，1996年の多角化度に関する回帰分析の結果を示したものである。

表5-1　1996年の多角化度指数の決定要因の分析

独立変数	回帰係数	t値
定　数	1.062	
1991年多角化度指数（DI）	0.933	34.59[a]
営業利益率差	−0.219	2.34[b]
組織形態	1.068	2.02[b]
企業規模	0.225	1.18
資産利益率	−0.097	1.06
決定係数（R^2）	0.926	
データ数	142	

a：1％水準で有意　　b：5％水準で有意　　c：10％水準で有意

　上記の分析結果から次のことが判明した。第一に，営業利益率差が多角化度指数（DI）と統計的に有意な関係を持っていることである。すなわち企業は営業利益率が落ち込んでくるようであれば，それを企業の危機として認識し，他の事業分野への多角化を行ない，逆に営業利益率が順調に上昇していれば，多角化は行なわない傾向にあるということである。

　これは言い換えれば多角化戦略が，既存事業での「衰退をカバーする戦略」（Dealing with Decline の戦略）として用いられてきたことを示すものである。

　第二に，組織形態が多角化度指数に影響を与えていることが判明した。すなわち分権的な組織形態の採用は，多角化度指数を増加させる傾向にあることがわかった。もちろん後から分析するように組織形態を決定するのは企業の多角化戦略そのものであるが，いったん採用された組織形態は，いわば企業というシステムの中で内生変数化し，当初の多角化戦略が意図しなかった程度にまで企業の多角化の程度を高めていると考え

られる。つまり企業は多角化戦略を選択し、それに適合するように組織形態を変えるが、組織形態の持ついわば組織慣性とも言うべき作用によって、当初、意図しなかったレベルまで多角化が進む傾向にあるということである。また逆に非多角化戦略を計画し、それに応じて組織形態を集権化の方向へ軌道修正したときには、意図せざる非多角化が発生し、意図した以上に非多角化、集約化が進展すると考えられるのである。

2 多角化戦略，非多角化戦略と経営成果

次に多角化戦略，非多角化戦略が経営成果に対してどのような関係にあるのかを調べてみることにする。ここでは従属変数として資産利益率を、独立変数として、売上成長率、企業規模、研究開発費比率および負債資本比率を選択し、多角化戦略については、多角化度指数（DI）と多角化度指数の2乗（DI^2）を用いる。結果は表5－2のようになった。

表5－2　資産利益率の決定要因の分析―多角化度指数（DI）による

独立変数	回帰係数	t値
定　数	5.084	
売上成長率	−0.005	0.57
企業規模	−0.402	1.60
研究開発費比率	0.038	3.74[a]
負債資本比率	−0.319	2.35[b]
DI	−0.047	0.85
DI^2	0.007	0.63
決定係数（R^2）	0.633	
データ数	142	

a：1％水準で有意　b：5％水準で有意　c：10％水準で有意

まず第一に，多角化度指数（DI）と資産利益率の間には，統計的に有意な関係は存在しないことがわかった。しかしながら統計的に有意ではないが，多角化度指数が上昇すれば，資産利益率は下降するという関係が見られること，またさらに多角化度指数が上昇すれば，資産利益率は上昇に転ずる傾向にあることが判明した。つまり多角化戦略を実施すると，資産利益率はいったんは低下し，ある程度多角化が進んだ時点で上昇に転ずるということである。

第二に，研究開発費比率，負債資本比率と統計的に有意な関係があった。研究開発費比率が高ければ，資産利益率も高くなる傾向にあるという当然に予想された結果が統計的に有意に検証された。

それでは多角化を行なうと資産利益率が低下するのかどうか，この特徴的な結果を改めて検証するために，多角化度指数（DI）の代わりに，戦略タイプを数量化した戦略タイプ変数（ST）を使用して，前記と同様の分析を試みると次のようになる。

表5－3　資産利益率の決定要因の分析―数量化された戦略タイプ変数による

独立変数	回帰係数	t値
定　数	5.084	
売上成長率	−0.004	0.48
企業規模	−0.386	1.55
研究開発費比率	0.038	3.74[a]
負債資本比率	−0.325	2.50[b]
ST	−0.793	1.42
ST^2	0.096	1.32
決定係数（R^2）	0.635	
データ数	142	

a：1％水準で有意　b：5％水準で有意　c：10％水準で有意

第5章 多角化戦略, 非多角化戦略と経営成果の実証分析

この分析においても, 統計的に有意ではないが多角化戦略（ST）と資産利益率の間には, 多角化戦略（ST）が高度化すれば, 資産利益率は下降するという関係が見られること, さらに多角化戦略（ST）が高度化すれば, 資産利益率は上昇に転ずる傾向にあることが判明した。つまり多角化戦略を実施すると, 資産利益率はいったんは低下し, さらに多角化戦略（ST）が高度化すれば, 上昇に転ずるというU字型を描くと考えられる。

経営成果の指標としては, 資産利益率が唯一の指標というわけではない。そこで日常の事業活動の収益性をあらわす営業利益率を従属変数とし, 独立変数として, 多角化度指数（DI）と多角化度指数の2乗（DI^2）を用いて分析してみると表5－4のようになる。

表5－4 営業利益率の決定要因の分析―多角化度指数（DI）による

独立変数	回帰係数	t値
定　数	6.338	
売上成長率	0.005	0.30
企業規模	－1.421	3.19[a]
研究開発費比率	0.102	5.57[a]
負債資本比率	－0.387	1.60
DI	－0.211	2.15[b]
DI^2	0.003	1.86[c]
決定係数（R^2）	0.416	
データ数	142	

a：1％水準で有意　b：5％水準で有意　c：10％水準で有意

この結果から, 多角化度指数（DI）と営業利益率の間には, 統計的に有意な関係が存在すること, しかも多角化度指数の2乗（DI^2）と営業利益率の間にも統計的に有意な関係が存在することが判明した。

したがって多角化度指数（DI）が上昇すれば，営業利益率はいったんは下降し，さらに多角化度指数（DI）が上昇すれば，営業利益率は上昇に転ずることになる。つまり多角化度指数（DI）の上昇に伴って，営業利益率は，U字型を描いて変化していく。

またその他の要因では，研究開発費比率，企業規模と統計的に有意な関係が存在することが判明した。研究開発費比率が高ければ，営業利益率は高くなる。また企業規模が大きくなれば，営業利益率は低下するという規模の不経済をあらわす教科書通りの結果があらわれている。

さらにこの結論を確認するために，経常利益率を従属変数とし，多角化度指数（DI）と多角化度指数の2乗（DI^2）を多角化戦略の独立変数として分析してみると表5－5のようになった。

表5－5　経常利益率の決定要因の分析—多角化度指数（DI）による

独立変数	回帰係数	t値
定　数	7.744	
売上成長率	0.003	0.17
企業規模	−1.541	3.06[a]
研究開発費比率	0.109	5.28[a]
負債資本比率	−0.721	2.64[a]
DI	−0.278	2.51[b]
DI^2	0.004	1.86[c]
決定係数（R^2）	0.443	
データ数	142	

a：1％水準で有意　b：5％水準で有意　c：10％水準で有意

多角化度指数（DI）と経常利益率の間にも，統計的に有意な関係が存在すること，しかも多角化度指数の2乗（DI^2）と経常利益率の間にも統計的に有意な関係が存在することから，多角化度指数（DI）が上

昇すれば，経常利益率はいったん下降し，さらに多角化度指数（DI）が上昇すれば，経常利益率は上昇に転ずることが判明した。つまり多角化度指数（DI）の上昇に伴って，経常利益率はU字型を描いて，下降から上昇へと変化していくことが，この分析からも確認された。したがって多角化のレベルと利益率の関係は図5－1のようにあらわされる。

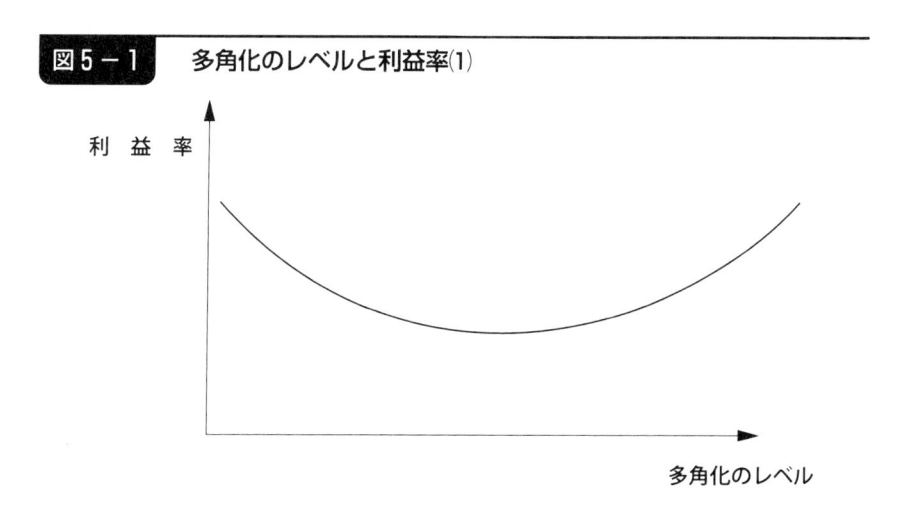

図5－1　多角化のレベルと利益率(1)

（縦軸：利益率，横軸：多角化のレベル，U字型の曲線）

またその他の要因では，営業利益率の分析で統計的に有意であった研究開発費比率，企業規模に加えて，負債資本比率と統計的に有意な関係が存在することが判明した。これは支払い利息等の金融費用を差し引きした経常利益率が，企業の負債資本比率を代表する指標である負債資本比率の影響を受けることを示すものである。

さらに多角化度指数（DI）と多角化度指数の2乗（DI^2）の代わりに，先ほどの戦略タイプ変数（ST）および戦略タイプ変数の2乗（ST^2）を使用して，営業利益率の分析を行なうと次のようになる。

表5-6 営業利益率の決定要因の分析—数量化された戦略タイプ変数による

独立変数	回帰係数	t値
定　数	8.631	
売上成長率	0.008	0.52
企業規模	−1.339	3.04[a]
研究開発費比率	0.102	5.63[a]
負債資本比率	−0.390	1.69[c]
ST	−2.732	2.77[a]
ST^2	0.311	2.41[b]
決定係数 (R^2)	0.429	
データ数	142	

a：1％水準で有意　b：5％水準で有意　c：10％水準で有意

　この分析において，戦略タイプ変数（ST）および戦略タイプ変数の2乗（ST^2）と営業利益率の間に，統計的に有意な関係が見られた。すなわち多角化戦略が高度化すれば，営業利益率は下降するという関係が見られること，さらに多角化戦略が高度化すれば，営業利益率は上昇に転ずる傾向にあることが判明した。つまり多角化戦略を実施すると，営業利益率はいったんは低下し，さらに多角化戦略が高度化すれば上昇に転ずるというU字型を描くと考えられる。

　さらに戦略タイプ変数（ST）及び戦略タイプ変数の2乗（ST^2）を使用して，経常利益率の分析を行なうと次のようになる。

第5章　多角化戦略，非多角化戦略と経営成果の実証分析

表5－7　経常利益率の決定要因の分析―数量化された戦略タイプ変数による

独立変数	回帰係数	t値
定　数	10.933	
売上成長率	0.007	0.43
企業規模	−1.429	2.89[a]
研究開発費比率	0.109	5.38[a]
負債資本比率	−0.736	2.85[a]
ST	−3.667	3.32[a]
ST^2	0.408	2.83[a]
決定係数（R^2）	0.462	
データ数	142	

a：1％水準で有意　b：5％水準で有意　c：10％水準で有意

　この分析においても，戦略タイプ変数（ST）および戦略タイプ変数の2乗（ST^2）と経常利益率の間には，統計的に有意な関係が存在することが判明した。多角化戦略が高度化すれば，経常利益率は下降するという関係が見られ，さらに多角化戦略が高度化すれば，経常利益率は上昇に転ずる傾向にある。ここで各戦略タイプについて，具体的にどの戦略タイプが経営成果を上げるのに寄与しているのかを検証するために，ダミー変数を用いて分析すると次のようになる。

表5−8　ダミー変数による回帰分析

経営成果 独立変数	営業利益率 回帰係数	(t値)	経常利益率 回帰係数	(t値)	資産利益率 回帰係数	(t値)
定数	1.610		1.898		2.402	
専業型(S)	3.777	1.94[c]	3.807	1.71[c]	1.939	1.77[c]
本業・集約型(DC)	1.756	0.92	1.018	0.47	2.201	2.05[b]
本業・拡散型(DL)	−0.621	0.29	−2.053	0.84	0.419	0.35
関連・集約型(RC)	−0.538	0.28	−1.955	0.90	0.539	0.51
関連・拡散型(RL)	1.367	0.73	0.156	0.07	1.264	1.19
非関連型(U)	1.507	0.64	0.803	0.30	2.018	1.73[c]
売上成長率	0.013	0.87	0.014	0.81	0.001	0.07
企業規模	−1.268	2.79[a]	−1.354	2.59[b]	−0.339	1.32
研究開発比率	0.107	5.81[a]	0.124	5.92[a]	0.042	4.06[a]
R^2	0.420		0.396		0.632	

a：1％水準で有意　b：5％水準で有意　c：10％水準で有意

　分析結果を見ると，専業型（S）が，営業利益率，経常利益率，資産利益率について，本業・集約型（DC）と非関連型（U）が，資産利益率について，いずれも統計的に有意な結果となっている。このことから経営成果にプラスに寄与する戦略タイプは，専業型（S）と本業・集約型（DC）と非関連型（U）の三種類であることがうかがえる。

　つまり多角化戦略を選択する場合に，本業・拡散型（DL）や関連・集約型（RC）のような中途半端な戦略タイプを採用していては，経営成果に結びつかないと言うことである。専業型（S）あるいは本業・集約型（DC）を採用して多角化しない戦略を採用するか，非関連型（U）を採用して高度多角化戦略を目指すか，このどちらかの選択が経営成果を上昇させるポイントとなることが判明した。

　日本における企業の利益率と多角化の程度の関係が，最初に理論モデルから想定した逆U字型の関係ではなく，実際にはU字型に近いことが

第5章　多角化戦略，非多角化戦略と経営成果の実証分析

判明してきたが，さらにその関係を精緻に探るために，1996年の営業利益率を従属変数とし，独立変数として1996年の多角化度指数（DI），多角化度指数の2乗（DI^2）および多角化度指数の3乗（DI^3）を用いて，再度分析を試みてみると次のようになる。

表5-9　1996年の営業利益率の決定要因の分析―多角化度指数(DI)による

独立変数	回帰係数	t値
定　数	8.056	
売上成長率	0.007	0.50
企業規模	−1.433	3.20[a]
研究開発費比率	0.101	5.56[a]
負債資本比率	−0.331	1.36
DI	−1.072	2.36[b]
DI^2	0.077	2.14[b]
DI^3	−0.002	2.07[b]
決定係数（R^2）	0.466	
データ数	142	

a：1％水準で有意　b：5％水準で有意　c：10％水準で有意

この結果から，多角化度指数（DI），多角化度指数の2乗（DI^2）および多角化度指数の3乗（DI^3）と営業利益率の間には，統計的に有意な関係が存在することが判明した。

したがって多角化度指数（DI）が上昇すれば，営業利益率はいったん下降し，さらに多角化度指数（DI）が上昇すれば，営業利益率は上昇に転ずること，その上さらに多角化度指数（DI）が上昇すれば，今度は下降に転ずることが判明した。つまり多角化度指数（DI）の上昇に伴って，営業利益率は，最初U字型を描き，続いて逆U字型描いて変化していく傾向があると考えられる。

なお1991年の営業利益率についても同様の分析を実施してみると，表5－10のような結果になった。

表5－10　1991年の営業利益率の決定要因の分析―多角化度指数(DI)による

独立変数	回帰係数	t値
定　数	10.845	
売上成長率	0.018	3.05
企業規模	−1.487	3.27[a]
研究開発費比率	−0.081	0.43
負債資本比率	−0.735	3.13[a]
DI	−0.571	2.51[b]
DI^2	0.024	2.07[b]
DI^3	−0.003	1.72[c]
決定係数 (R^2)	0.430	
データ数	142	

a：1％水準で有意　b：5％水準で有意　c：10％水準で有意

　この結果から1991年についても多角化度指数（DI），多角化度指数の2乗（DI^2）および多角化度指数の3乗（DI^3）と営業利益率の間には，統計的に有意な関係が存在することが判明した。この関係を示したのが図5－2[(1]であり，企業の利益率と多角化のレベルについては，この図のような関係が成立すると考えられる。

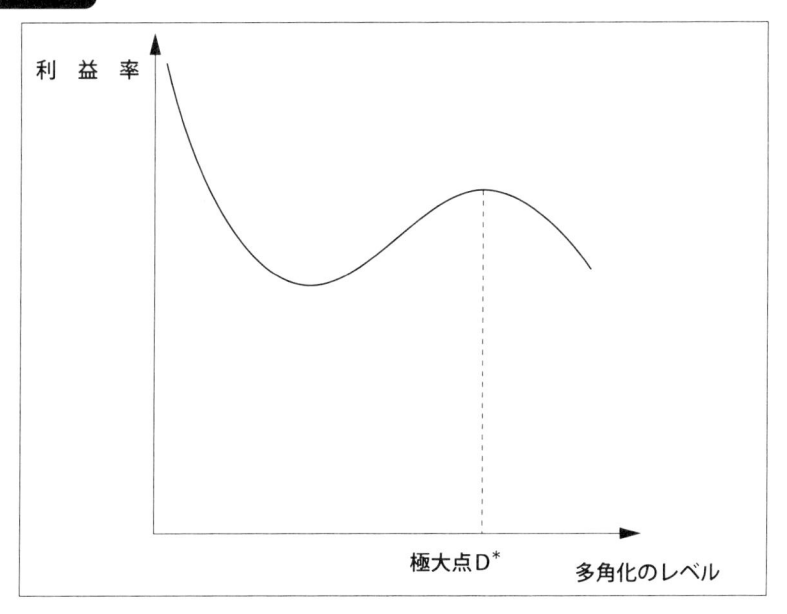

第5章　多角化戦略，非多角化戦略と経営成果の実証分析

図5-2　多角化のレベルと利益率(2)

（図：縦軸「利益率」，横軸「多角化のレベル」。曲線は最初高い値から下降し，極小となった後，再び上昇して「極大点D*」で最大となり，その後下降する形状を示す。）

　ダミー変数による戦略型の分析と上図から理解できるように，利益の観点から見て強い日本の代表的企業は，専業型あるいは本業・集約型の企業群もしくは多角化に成功して多角化による利益の極大点の近傍で事業運営を行なっている企業群の二つの系列に大別することができると考えられる。

〔注〕
(1)　この図は，日本の代表的な企業における多角化のレベルと企業収益の傾向について実証的な分析の結果を示したものであり，第2章で多角化の利益とコストを分析した際に考察した新古典派的均衡を基礎とした個別企業の多角化の最適点分析と矛盾するものではない。

63

第 6 章

負債資本比率と関連多角化

　この章では，第2章で提起した負債資本比率と関連多角化についての仮説を検証しながら，その背景にある多角化戦略の意味について考察を試みてみよう。

1　分析の前提

　従来の多角化戦略の主張を前提にすれば，まず当初，比較的参入の容易な身近な市場に余剰経営資源を投入し，さらに順次本業から離れた市場にそれを投入していく形をとると考えられることから，多角化に伴う限界利益は逓減する。他方，多角化に伴うコストである従業員のリクルート費用，新しい事業に対する訓練費用，新しい事業における情報処理コストなどは，多角化が進行するにつれ，既存の事業の経験を徐々に活かせなくなるため逓増していくであろう。それゆえ企業が利潤最大化を目標とする以上，一般的には多角化の均衡点で多角化戦略を終了するはずである。しかし資本市場が企業の既存の多角化事業の売却・縮小・見直しなどの非多角化戦略のアナウンスに対し，株価上昇の反応を示すことが見られるのは，現実に過度に多角化を行なっている企業があるこ

とを示唆していると考えられる。

　また経営管理者が自らの雇用を守り，多くの報酬を望み，利益の出ない事業に留保利益を投資するといったエンパイアビルディングを行なう場合が成熟企業に多く見られ，このようなインフルエンスコストなどのエージェンシーコストの概念と多角化との関係に着目してみると，インフルエンスコストなどのエージェンシーコストは企業内に余剰な人的経営資源が蓄積されるほど，また経営組織が複雑になるほど上昇すると思われる。このようなコストは，有効な多角化戦略の実施によって，余剰な人的経営資源を新規事業へ移動させることにより減少させることができ，そのような観点に着目して実際に戦略行動をとる企業もあるのではないかと考えられる。

　以上のような多角化戦略に関する認識を前提に，この章では取引コスト理論とエージェンシー理論との関連において，多角化戦略について第2章で提示した二つの異なる仮説を検証していく。

2　実証分析の結果と考察

　負債資本比率と関連多角化についての仮説を検証するために，関連多角化を実施している企業について，1996年の多角化度指数（DI）を従属変数とし，負債資本比率などを独立変数として分析してみると次のようになった。

表6-1 多角化度指数(DI)の分析—負債資本比率による

独立変数	回帰係数	t値
定　数	6.539	
企業規模	0.553	1.07
研究開発費比率	−0.011	0.51
負債資本比率	0.513	1.75[c]
DI（91年）	0.890	21.67[b]
決定係数（R^2）	0.859	
データ数	98	

a：1％水準で有意　b：5％水準で有意　c：10％水準で有意

　この分析から，負債資本比率と多角化度指数（DI）との間には，統計的に有意な関係が存在することが判明した。負債資本比率が上昇すれば，関連多角化を行なっている企業で，多角化度指数（DI）が上昇する。つまり負債資本比率が上昇すれば，関連多角化の程度は上昇することになる。この結果，取引コスト理論の前提に基づく仮説1が支持されないことになり，エージェンシー理論の前提に基づく仮説2が支持されたことになる。それではなぜこの分析で，エージェンシー理論の前提に基づく仮説2が支持されたのであろうか。[1]

　それは，「借入金」に対する前提の考え方から生じていると考えられる。日本においてメインバンク制度は崩壊しつつあるとは言っても，やはり大企業ではそれぞれ企業毎にメインバンクが存在し，一般債権者の存在は取るに足らないものと認識されている。これに対しメインバンクは，通常，主要株主でもあり，企業に取締役や監査役を送り込んで十分に経営を監視できる立場にある。このような日本におけるメインバンクという存在の二面的性格から，メインバンクは「借入金」を，その企業以外では転用が難しい特殊な資産の投資に使おうと，資産の運用計画さ

えはっきりしていれば反対することは少ないであろう。

　このため日本では取引コスト理論の「借入金」に対する前提が崩れ，仮説1が支持されないことになったと考えられる。その結果，日本においては経営管理者の利用可能なフリーキャッシュフローの多寡を前提とするエージェンシー理論に基づく仮説2が支持されたと考えられる。

〔注〕
(1)　米国では，Kochhar Rahul (1996)などにより，取引コスト理論による仮説1を支持する傾向が実証されている。

第7章

多角化戦略と経営組織

　この章では，前章までに分析した企業の経営組織について，その組織形態を，「職能別組織（F）」，「一部事業部制組織（F + D）」，「事業部制組織（D）」の三形態に分類し，日本の代表的な企業の組織形態がどのように変化しているのかを調査するとともに，それが企業の経営成果とどのような関係にあるかを分析する。

1　組織形態の全体観

　まず「事業部制組織（D）」であるか否かの判定には，組織単位の自立性を，その要件とする。理論的に考えれば，組織単位が自立的であるためには，製品別あるいは地域別の組織単位が存在して，研究開発，技術，生産，販売，マーケティングの各機能を持たなければならない。理想的には，総務，人事，経理等の代表的な職能部門まで各事業本部の中に分散されて取り込まれているのが典型的な事業部制であるが，日本企業でそこまで徹底した事業部制を採用している企業はまだ少ないので，少なくとも技術，生産，販売，マーケティングの各職能を保有していることを自立性の要件とした。

第7章　多角化戦略と経営組織

　この基準によって，一定の製品に関して自立的な組織単位を持たない企業は職能別組織を採用していると判断され，一部でも自立的な組織単位が設置されているときには，事業部制もしくは一部事業部制のいずれかと判定される。

　さらに「一部事業部制組織（F＋D）」と「事業部制組織（D）」の判定については，まず第一に研究開発の職能が自立的な事業部組織の中に入っているかどうか，すなわち事業部研究所のような組織が存在するかどうかを判定の根拠とした。第二に本社スタッフと事業部スタッフとが明確に区別されており，事業部を統括するゼネラルマネージャーが存在するかどうかを判定根拠とした。この二つの条件を満たすものを「事業部制組織（D）」と判定し，いずれかを満たさないものは「一部事業部制組織（F＋D）」と判定した。このようにして日本の代表的な企業の組織形態が1991年と1996年でどのように変化したかを調査したのが，表7－1である。

表7－1　組織形態の分布

組織形態	1991年		1996年	
	企業数	％	企業数	％
職能別（F）	46	32.4%	38	26.8%
一部事業部制（F＋D）	63	44.4%	60	42.3%
事業部制（D）	33	23.2%	44	31.0%
合　計	142	100.0%	142	100.0%

　この表を見ると明らかに，職能別組織が減少し，事業部制組織が増加している。この動きをさらに観察するために組織形態の推移を調べてみると，表7－2のようになる。

| 表7-2 | 組織形態の推移 |

1991年の組織形態＼1996年の組織形態	職能別 (F)	一部事業部制 (F＋D)	事業部制 (D)	計
職能別(F)	38　(82.6%)	7　(15.2%)	1　(2.2%)	46
一部事業部制(F＋D)		53　(84.1%)	10　(15.9%)	63
事業部制(D)			33　(100.0%)	33
計	38	60	44	142

　この表によると，日本企業の組織形態が職能別から一部事業部制あるいは事業部制へと変化している様子があらわれている。当該期間には，組織形態が事業部制から一部事業部制あるいは職能別へと集権化方向に変化した企業は識別されなかった。つまり本業回帰が行なわれても，事業部制が廃止されなかったことになり，組織形態選択の弾力性が低いことを示している。これは米国企業が企業トップの交代や戦略の変化に伴って，急激に集権化から分権化へあるいは分権化から集権化へと組織を変化させるのに対し，日本の場合は組織形態の変化が緩慢であり，しかも企業戦略の方向性と不一致が見られるという点で，日本企業の特徴と言って良いのではないだろうか。

　さらに多角化戦略のタイプとの関係を調べてみると，両年度ともに，専業型（S），垂直型（V）では，職能別組織が主流である。一部事業部制組織や事業部制組織については，若干のバラツキはあるものの多角化が進めば進むほど，事業部制組織へと転換していく傾向がみられる。より詳細な分類を行なうと表7-3のようになる。

第 7 章　多角化戦略と経営組織

表7－3　戦略タイプと組織形態

戦略タイプ ＼ 組織形態	1991年の戦略と組織						1996年の戦略と組織					
	職能別 (F)		一部事業部制 (F+D)		事業部制 (D)		職能別 (F)		一部事業部制 (F+D)		事業部制 (D)	
専業型(S)	22	78.6%	5	17.9%	1	3.6%	20	80.0%	4	16.0%	1	4.0%
垂直型(V)	5	50.0%	3	30.0%	2	20.0%	5	50.0%	3	30.0%	2	20.0%
本業・集約型(DC)	8	32.0%	9	36.0%	8	32.0%	9	33.3%	10	37.0%	8	29.6%
本業・拡散型(DL)	1	6.3%	11	68.8%	4	25.0%	1	7.1%	7	50.0%	6	42.9%
関連・集約型(RC)	8	20.5%	23	59.0%	8	20.5%	2	6.3%	19	59.4%	11	34.4%
関連・拡散型(RL)	2	11.1%	8	44.4%	8	44.4%	1	4.0%	12	48.0%	12	48.0%
非関連型(U)	0	0.0%	4	66.7%	2	33.3%	0	0.0%	5	55.6%	4	44.4%
計	46	32.4%	63	44.4%	33	23.2%	38	26.8%	60	42.3%	44	31.0%

　さらに組織形態が何によって決定されているかを検証するために，組織形態を従属変数とし，戦略タイプ変数（ST）および研究開発費比率その他の戦略外要因を独立変数とする回帰分析を行なうと次のようになる。

表7－4　組織形態の決定要因の分析(1)

独立変数	回帰係数	t値
定　数	1.184	
企業規模	0.031	0.53
資産利益率	−0.029	2.12[b]
研究開発費比率	0.005	2.32[b]
戦略タイプ変数(ST)	0.206	7.22[a]
決定係数(R^2)	0.304	
データ数	142	

a：1％水準で有意　b：5％水準で有意　c：10％水準で有意

前記の分析結果から数量化された戦略タイプ変数（ST），資産利益率と研究開発費比率について統計的に有意であることが確認された。この結果から，多角化の進展が事業部制への移行をもたらしているという事実を実証的に確認することができた。多角化戦略の結果として組織形態が事業部制へと移行していくこと，すなわちチャンドラーの有名な「組織構造は経営戦略に従う」という仮説通りに経営戦略から組織構造へという図式が実証的に確認されたことになる。また研究開発費比率が高い企業の方が，より積極的に事業部制へと移行する傾向があることが判明した。これは研究開発に注力する企業ほど，それだけ企業特殊な資産を増やす傾向が強く，その結果関連多角化が進展しやすくなり，事業部制への移行も早いからではないかと推測される。

　さらに戦略タイプ変数（ST）を多角化度指数（DI）で置き換え，同様の回帰分析を行なうと表7－5のようになる。

表7－5　組織形態の決定要因の分析(2)

独立変数	回帰係数	t値
定　数	1.251	
企業規模	0.043	0.75
資産利益率	−0.017	1.39
研究開発費比率	0.006	2.69[a]
多角化度指数(DI)	0.027	7.43[a]
決定係数(R^2)	0.316	
データ数	142	

a：1％水準で有意　b：5％水準で有意　c：10％水準で有意

　上記の分析結果から，多角化度指数（DI）と研究開発費比率について，統計的に有意であることが確認され，多角化度指数（DI）の上昇

が，事業部制への移行をもたらしているという事実を実証的に確認することができた。

2 経営組織と経営成果

それでは，このような組織形態の変化，具体的に事業部制への移行が企業の経営成果にどのような影響を与えているのであろうか。これを検証するために各組織形態にダミー変数を使用して，営業利益率を従属変数とする分析を実施すると表7－6，表7－7のようになる。[1]

表7－6　営業利益率の決定要因の分析—組織形態による(1)

独立変数	回帰係数	t値
定　数	2.511	
職能別	3.302	2.59[b]
一部事業部制	1.369	1.19
負債資本比率	−0.696	2.63[a]
企業規模	−1.438	2.76[a]
研究開発費比率	0.118	5.73[a]
決定係数(R^2)	0.403	
データ数	142	

a：1％水準で有意　b：5％水準で有意　c：10％水準で有意

表7-7　営業利益率の決定要因の分析─組織形態による(2)

独立変数	回帰係数	t値
定　数	5.814	
一部事業部制	−1.933	1.62
事業部制	−3.303	2.59[b]
負債資本比率	−0.696	2.63[a]
企業規模	−1.439	2.76[a]
研究開発費比率	0.118	5.73[a]
決定係数(R^2)	0.403	
データ数	142	

a：1％水準で有意　b：5％水準で有意　c：10％水準で有意

　この分析の結果，調査企業について言えば，事業部制組織を採用した企業においては，営業利益率が低下する傾向にあることが判明した。また職能別組織を採用した企業においては，営業利益率が上昇する傾向にあることが判明した。

　しかしながら，このような組織形態の変化，具体的には事業部制への移行が，その企業の多角化の程度の違いによって，企業の経営成果にどのような影響を与えているのかについては，まだ明らかになっていない。そこで企業を多角化の程度によって三つのクラスターに分類し，さらに詳細な分析を行なうこととした。

　具体的には，多角化度指数が17未満の企業を多角化レベルが低い企業群，17以上30未満の企業を多角化レベルが中程度の企業群，30以上の企業を多角化レベルが高い企業群とし，まず多角化レベルが低い企業群について，これを検証すると表7-8，表7-9のようになった。

第 7 章　多角化戦略と経営組織

表 7 - 8　多角化レベルが低い企業群の分析(1)

独立変数	回帰係数	t 値
定　数	8.621	
職能別	4.879	1.74^c
一部事業部制	2.199	0.47
非多角化戦略	1.149	0.38
売上成長率	0.025	0.45
負債資本比率	-2.182	2.56^b
企業規模	-2.336	1.73^c
決定係数(R^2)	0.219	
データ数	48	

a：1％水準で有意　b：5％水準で有意　c：10％水準で有意

表 7 - 9　多角化レベルが低い企業群の分析(2)

独立変数	回帰係数	t 値
定　数	10.822	
職能別	2.679	0.69
事業部制	-2.199	0.47
非多角化戦略	1.149	0.38
売上成長率	0.025	0.45
負債資本比率	-2.182	2.56^b
企業規模	-2.336	1.73^c
決定係数(R^2)	0.220	
データ数	48	

a：1％水準で有意　b：5％水準で有意　c：10％水準で有意

　この分析の結果，多角化レベルが低い企業群については，職能別組織と負債資本比率および企業規模について，統計的に有意であることが判明した。したがって多角化レベルが低い企業群については，職能別組織を採用することにより，営業利益率が高くなる傾向にあることが判明し

た。また企業規模が小さいほど営業利益率が高くなることも併せて確認された。

次に多角化レベルが中程度の企業群について，同様に組織形態の分析を行なうと表7－10，表7－11のようになった。

表7－10　多角化レベルが中程度の企業群の分析(1)

独立変数	回帰係数	t値
定　数	6.154	
職能別	1.240	0.58
一部事業部制	3.059	1.84[c]
非多角化戦略	1.171	0.78
売上成長率	0.063	1.52
負債資本比率	－1.363	3.02[a]
企業規模	－0.981	1.10
決定係数(R^2)	0.333	
データ数	48	

a：1％水準で有意　b：5％水準で有意　c：10％水準で有意

表7－11　多角化レベルが中程度の企業群の分析(2)

独立変数	回帰係数	t値
定　数	6.154	
一部事業部制	1.819	0.92
事業部制	－1.240	0.58
非多角化戦略	1.171	0.78
売上成長率	0.063	1.52
負債資本比率	－1.363	3.02[a]
企業規模	－0.981	1.10
決定係数(R^2)	0.333	
データ数	48	

a：1％水準で有意　b：5％水準で有意　c：10％水準で有意

第7章　多角化戦略と経営組織

　この分析の結果，多角化レベルが中程度の企業群については，一部事業部制組織と負債資本比率について，統計的に有意であることが判明した。したがってこの企業群においては，一部事業部制組織を採用することにより，営業利益率が高くなる傾向があることが判明した。

　最後に多角化レベルが高い企業群について，同様の検証すると表7－12，表7－13のようになった。

表7－12　多角化レベルが高い企業群の分析(1)

独立変数	回帰係数	t値
定　数	4.234	
職能別	－1.673	0.44
事業部制	0.739	0.60
非多角化戦略	0.664	0.55
売上成長率	0.025	1.65[c]
負債資本比率	－0.536	2.19[b]
企業規模	－0.191	0.29
決定係数(R^2)	0.202	
データ数	46	

a：1％水準で有意　b：5％水準で有意　c：10％水準で有意

表7-13　多角化レベルが高い企業群の分析(2)

独立変数	回帰係数	t値
定　数	2.561	
一部事業部制	1.673	0.44
事業部制	2.413	0.62
非多角化戦略	0.664	0.55
売上成長率	0.025	1.65^c
負債資本比率	−0.536	2.19^b
企業規模	−0.191	0.29
決定係数(R^2)	0.202	
データ数	46	

a：1％水準で有意　　b：5％水準で有意　　c：10％水準で有意

　この分析の結果，多角化レベルが高い企業群については，売上成長率と負債資本比率についてのみ，統計的に有意であることが判明した。事業部制組織については，多角化レベルが高い企業群を分析する段階で初めて回帰係数がプラスに転じたが，統計的に有意な結果までには至らなかった。したがって多角化レベルが高い企業群において，事業部制組織を採用することにより，営業利益率が高くなるとは言えず，結論として当初掲げた仮説3は，職能別組織と一部事業部制組織について部分的に支持されたが，事業部制組織については支持されなかった。

3　経営組織と負債資本比率

　経営組織の形態が負債資本比率にどのような影響を与えているかを検証するために，負債資本比率を従属変数とし，組織形態および研究開発費比率その他の戦略外要因を独立変数とする回帰分析を行なうと表7-14のようになる。

第7章 多角化戦略と経営組織

表7-14 負債資本比率の決定要因の分析

独立変数	回帰係数	t値
定　数	1.701	
多角化度指数(DI)	0.023	1.79[c]
組織形態	−0.869	1.95[c]
資産利益率	−0.059	1.16
研究開発費比率	−0.025	3.81[a]
決定係数(R^2)	0.341	
データ数	142	

a：1％水準で有意　b：5％水準で有意　c：10％水準で有意

　上記分析の結果，多角化度指数（DI），組織形態，研究開発費比率について統計的に有意であることが確認された。

　この結果から，多角化度指数（DI）の上昇，つまり多角化の進展により負債資本比率が上昇する傾向にあるということを実証的に確認することができた。これは多角化の進展により，借入金の割合が相対的に上昇し，負債資本比率の上昇を招いていることを示すものである。

　さらに組織形態の変化，つまり職能別組織から一部事業部制組織へ，そして事業部制組織へと分権化が進むにつれて，負債資本比率が低下しているという事実を実証的に確認することができた。

　これは次のように考察できる。職能別組織に代表される集権的組織では，経営者が思い切った決断をして，事業に投入する借入金を増やすことが可能である。それに対し，組織の分権化が進むと事業部間の力関係から，投資資金は本社スタッフが一定の基準に基づいて各事業部へ配分するようになる。各事業部のトップは，自分たちに課せられたキャッシュフロー予算の中で投資計画を実行していくようになり，思い切った借り入れを実行することができなくなる。この結果，負債資本比率が低

下してくると考えられる。

　さらに研究開発費比率が高いほど，負債資本比率が低下していることを実証的に確認することができた。研究開発への集中度は，無形固定資産と企業特殊なノウハウの蓄積度の尺度として使われているが，研究開発に投資している会社ほど借入金が少ないという事実が，米国ではすでに実証されており，日本においても，この事実が確認されたことになる。

〔注〕

(1) singularity problems を避けるため，それぞれ一つの組織形態を除外して分析している。

第 8 章

理論的実証的結論と今後の課題

1 基本的なファインディング

当該研究対象期間において，多角化の程度を観察すると，62％の企業が多角化への動きを見せ，38％の企業が非多角化への動きを見せていた。多角化戦略を推進する動きが優勢であるものの，非多角化戦略への動きもある程度見られた。このような非多角化戦略の実施は，特に営業利益率と統計的に有意な関係があり，営業利益率を上昇させる傾向にあることが判明した。

つまり企業は利益が最大になるようなレベルで多角化をストップしているわけではなく，ある時期にはそれを超えて多角化を推進してしまう企業が存在すること，またそういった過度に多角化した企業がある時点で非多角化戦略を実施することにより経営成果を高めていることが判明した。

また企業を多角化行動あるいは非多角化行動へと向かわせるメカニズムについては，営業利益率が落ち込んでくるようであれば，企業は，それをコアビジネスの危機として認識し，他の事業分野への多角化を行な

う傾向にあることが判明した。

　さらに多角化戦略が企業収益に対してどのような関係にあるのかについては，促進（＋）とも抑制（－）とも一概には断定できない関係にあることが判明した。多角化度指数（DI）が上昇すれば，営業利益率はいったん下降し，さらに多角化度指数（DI）が上昇すれば，営業利益率は上昇に転ずること，その上さらに多角化度指数（DI）が上昇すれば，今度は再び下降に転ずることが判明した。つまり多角化度指数（DI）の上昇に伴って，営業利益率は最初U字型を描き，続いて逆U字型となる三次関数のグラフを描いて変化していくのである。

　負債資本比率と関連多角化についての二つの仮説のうち，どちらが支持されるかを検証するために，負債資本比率を従属変数とし，多角化度指数（DI）を独立変数として分析してみたところ，負債資本比率と多角化度指数（DI）との間には，負債資本比率が上昇すれば多角化度指数（DI）が上昇する，つまり負債資本比率が上昇すれば，関連多角化の程度は上昇する関係があることが判明した。

　この結果，取引コスト理論の前提に基づく仮説１が支持されないことになり，エージェンシー理論の前提に基づく仮説２が支持されることとなったが，これは，一部には日本のメインバンク制度は崩壊したと報道されているが，大企業においては，いまだにそれぞれメインバンクが存在し，そのメインバンクは借入金の用途について，汎用資産に使おうとその企業以外では転用が難しいような特殊な資産の投資に使おうと，資産の運用計画がはっきりしていれば反対することは少なく，このため日本では米国とは異なって，取引コスト理論の借入金に関する前提が崩れ，仮説１が支持されないことになったと考察された。これは日本の企業社会がエージェンシー理論の世界であり，取引コスト理論の世界ではないことを示している。

第8章 理論的実証的結論と今後の課題

　また多角化の進展が，組織形態としての事業部制への移行を促進していることおよび分権化である事業部制への移行が，さらに多角化の進展を促進しているという相互関係を実証的に確認することができた。多角化戦略を実施するために組織形態を変更しているが，この組織形態自体が意図せざる多角化をもたらしているという仕組みが明らかになった。

　組織形態と企業収益の関係については，次のような事実が判明した。まず事業部制組織を採用した企業においては，営業利益率が低下する傾向にあることが判明した。さらに多角化の程度によりクラスター分けした分析では，多角化の程度の低い企業群においては職能別組織を採用した企業が，多角化の中程度の企業群においては一部事業部制組織を採用した企業が，営業利益率を上昇させていることが判明した。本書の分析においては，M型仮説は支持されず，少なくとも日本の代表的な企業のうちで，事業部制組織を採用した企業においては営業利益率が低下する傾向にあることが判明した。

　また研究開発費比率が高い企業の方が，より積極的に事業部制へと移行する傾向があることが判明した。これは研究開発に注力する企業が企業特殊な資産を増やす傾向が強く，その結果，関連多角化が進展しやすくなり，事業部制への移行も促進される傾向にあるからであろうと考察された。[1]

　多角化と負債資本比率の関係では，多角化戦略の実施により負債資本比率が上昇しているということおよび負債資本比率の上昇が関連多角化の程度を促進しているという関係が存在することを実証的に確認することができた。

　さらに組織形態と負債資本比率との関係については，組織形態の変化，つまり職能別組織から一部事業部制組織へ，そして事業部制組織へと分権化が進むにつれて，負債資本比率が下降しているという事実を実証的

に確認することができた。これは分権的な組織形態になれば，各部門に投下される資金が一定の基準に基づいて各事業部に配分されるため，集権的な組織形態であったときに較べて，思い切った借入金の増加ができなくなることに起因すると考えられる。

また研究開発費比率が高い企業ほど，負債資本比率が低いという事実を実証的に確認することができた。研究開発への集中度は，無形固定資産と企業特殊なノウハウの蓄積度の尺度として使われているが，研究開発に投資している会社ほど借入金が少ないという米国で実証されている事象が，日本においても確認されたことになる。

以上の基本的なファインディングをまとめると，次の通りである。

図8-1　基本的なファインディング

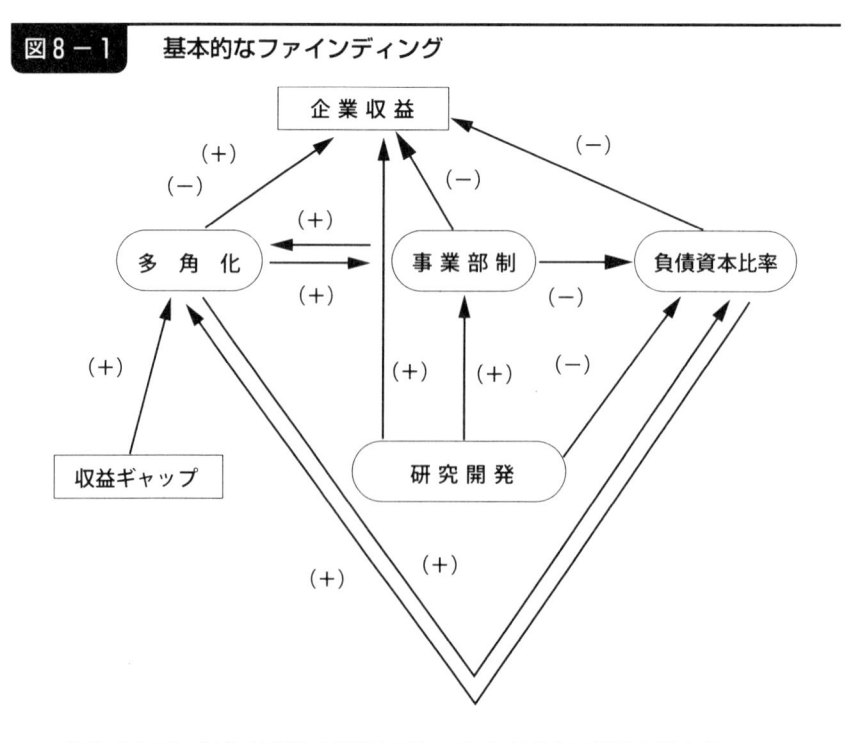

```
                    企業収益
            (+)  ↗   ↑   ↖  (-)
            (-)      |(-)
                (+)  |
          多角化 ←→ 事業部制 →(-) 負債資本比率
                (+)
         ↑(+)         ↑(+) ↑(+)   ↑(-)
                                    ↑
       収益ギャップ      研究開発
                    
              (+)        (+)
```

（図において，（+）は促進の関係を示し，（-）は抑制の関係を示す。）

第8章　理論的実証的結論と今後の課題

2　多角化に伴う企業収益落ち込みの原因

　それでは，なぜ日本においては，多角化の程度と企業収益の関係が第2章において理論的に想定した逆U字型（米国においては，逆U字型を示すことが実証されている。[2]）を描かず，中盤の落ち込んだ複雑な形状を示したのであろうか。これについては多角化の限界利益と限界費用を考慮した際の，ベネフィットとコストに遡ってみなければならない。

　ベネフィットとしては，企業特殊資産の余剰部分の有効利用，ファイナンス上の利益およびエージェンシープロブレムの減少による利益を考えたが，このうちでエージェンシー理論が機能すると考えられる日本と取引コスト理論が機能すると考えられる米国において，格差が大きいと考えられるのはエージェンシープロブレムの減少による利益（インフルエンスコストの削減など）の部分である。日本では多角化戦略の展開を始めた初期の時点で，このベネフィットの取り込みが少ないのではないだろうか。

　コストについては，多角化に伴う情報処理費用とX－非効率の発生に伴う増加費用を考えたが，X－非効率の発生に伴う費用が増加しているとすれば，それは利益の減少を招くだけでなく，同時に売上の減少も招いているはずである。この関係を調べるために，1996年の売上高を従属変数とし，多角化戦略の独立変数としては，多角化度指数（DI）および多角化度指数の2乗（DI^2）を用いて，多角化の程度による売上高の変化を分析してみると表8－1のようになった。

表8-1 売上高の決定要因の分析―多角化度指数(DI)による

独立変数	回帰係数	t値
定　数	2.453	
企業規模	0.365	16.56[a]
研究開発費比率	−0.001	1.60
負債資本比率	0.025	2.15[c]
DI	0.010	2.23[b]
DI^2	−0.001	1.87[c]
決定係数(R^2)	0.666	
データ数	142	

a：1％水準で有意　b：5％水準で有意　c：10％水準で有意

　この結果から，多角化度指数（DI）および多角化度指数の2乗（DI^2）と売上高の間には，統計的に有意な関係が存在することが判明した。

　したがって多角化度指数（DI）が上昇すれば，売上高はいったん上昇し，さらに多角化度指数（DI）が上昇すれば，売上高は下降に転ずることが判明した。つまり多角化度指数（DI）の上昇に伴って，売上高は逆U字型を描き変化していくということになる。なお1991年の売上高と多角化度指数（DI）についても同様の分析を実施したところ，同様の統計的な有意性が見られた。このため企業の売上高と多角化のレベルについては，図8-2のような関係が成立すると考えられる。

第8章　理論的実証的結論と今後の課題

図8-2　多角化のレベルと売上高

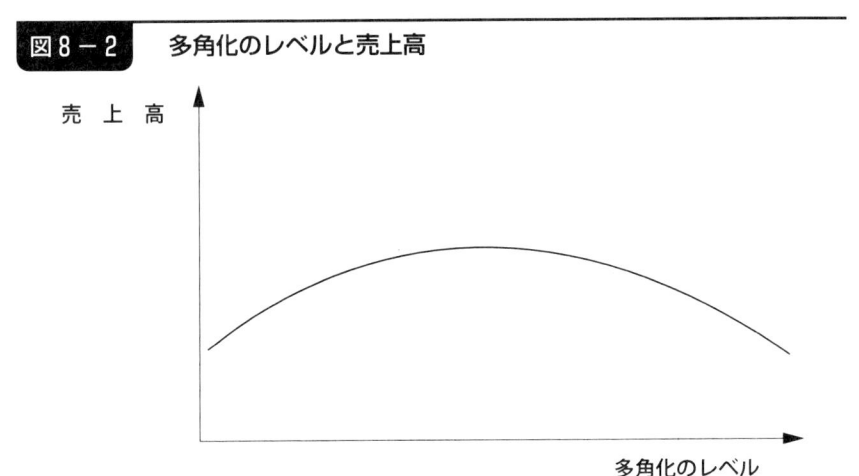

(縦軸：売上高、横軸：多角化のレベル。逆U字型の曲線)

　この売上高と多角化のレベルとの関係から，多角化における初期の時点では，X-非効率の発生に伴う費用が増加しているのではなく，インフルエンスコストに代表されるようなエージェンシーコストの削減によるベネフィットの取り込みが十分に行われていない状況があると推測される。つまり次のような事態が起こっているのではないかと推定されるのである。

　シナジーを追求する戦略からシナジーを追求しない戦略へと戦略の転換をしようとすると，第2章で説明した通り，「組織の情報処理必要量」（IPR）＞「組織の情報処理能力」（IPC）という状況に陥りやすく，その場合，組織内部のインフルエンスコストに代表されるようなエージェンシーコストは急激に上昇すると考えられる。この状況を説明すると図8-3のようになる。

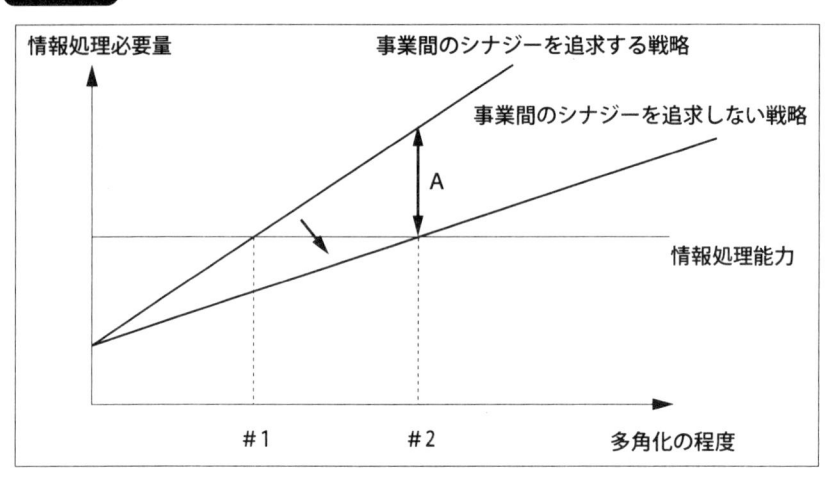

| 図8－3 | 情報処理方法と企業の多角化の程度 |

(出所) 萩原俊彦（2005）『40歳からの聞くに聞けない経営の話―経営学再入門―』東洋経済新報社

　企業が，事業間のシナジーを追求する戦略を採用していれば，図8－3(3)で示されるように，「組織の情報処理必要量」と「組織の情報処理能力」に制約されて，事業の拡がり（Scope）は＃1の範囲に限定され，ある一定の範囲を超えて多角化を効率的に進めていくことはできない。一方，企業が事業間のシナジーを追求しない戦略を採用すれば，事業の拡がりは図の＃2の範囲まで効率的に拡げることが可能となる。つまり事業間のシナジーを追求しない戦略を採用する企業，もしくは元来「組織の情報処理能力」が高い企業にとっては，多角化によって事業の範囲を拡大してもインフルエンスコストに代表されるようなエージェンシーコストはそれほど上昇せずに済むのである。一方，事業間のシナジーを追求する戦略を採用する企業は，「組織の情報処理必要量」が大きく，これらの企業が，多角化によって事業範囲の拡大を図ったならば，インフルエンスコストに代表されるようなエージェンシーコストは急上昇す

第8章　理論的実証的結論と今後の課題

る。

　いま図8－3において，事業間のシナジーを追求する戦略を採用した企業が多角化を開始したとする。図の＃1の時点では，「組織の情報処理必要量」（IPR）＝「組織の情報処理能力」（IPC）となっており，インフルエンスコストに代表されるようなエージェンシーコストの上昇は見られない。

　多角化を進展させて＃2のレベルに到達すると，事業間のシナジーを追求する戦略から事業間のシナジーを追求しない戦略へと戦略転換を行なうか，図のAに対応する情報処理能力をアップさせなければ，「組織の情報処理必要量」（IPR）＞「組織の情報処理能力」（IPC）という状況に陥り，インフルエンスコストなどのエージェンシーコストの急激な上昇を招くと考えられる。

　本来ならば，このような戦略の転換が行なわれる時，「組織の情報処理必要量」は相対的に低減しなければいけないのであるが，それが何らかの理由によって行なわれていないため，結果としてインフルエンスコストに代表されるようなエージェンシーコストの削減が十分に行なわれない状況あるいは情報処理コストを余分に支出しなければならない状況になったと考えられる。

　この理由は，日本の企業組織の特殊性に起因しているのではないだろうか。つまり日本企業では，事業部制といっても欧米の事業部制ほどきちっとした分権化，事業部への権限委譲が未だに行なわれていないのではないか，そのためにインフルエンスコストなどのエージェンシーコストの削減によるベネフィットの取り込みが十分には行なわれていない状況が発生しているのではないかと推定される。

3　景気循環と多角化・非多角化のモデル

　これまで試みてきた分析と一連の考察から，企業がいかにして多角化あるいは非多角化を推進していくのか，その仕組みを理論モデルを構築することによって明らかにしたい。まず企業を多角化へと導く第一の要因は，収益ギャップの認識であることがわかった。いま好況期から不況期に入り，企業収益が落ち込んだとしよう。すると通常，景気の後退期には，「負の収益ギャップ」が発生する。「負の収益ギャップ」の存在は実証分析で示した通り，多角化を促進するものとして働く。逆に景気が不況期から好況期へと向かい，企業収益に自立的な上昇が認められれば，「正の収益ギャップ」が発生し，多角化を抑制し非多角化を推進する。

　多角化の程度を決定していく第二の要因は，これも実証分析の結果から明らかになった通り，企業の多角化戦略あるいは非多角化戦略に付随して変化し，しかもそれ自体として多角化のレベルに影響を与えている組織形態と負債資本比率である。この二つの要素は，本来的には企業がその企業戦略の効率を高めるため，企業戦略の選択とともに，その戦略を強化すべく戦略と同一の方向性を維持していなければならない部分である。したがってこの第二の要因は，戦略付随的要因と考えることができる。

　第三の要因は，非戦略的要因である。これは企業規模のように実証分析の結果は統計的に有意とまでは判定されなかったが，多角化の程度を押し上げる効果があり，企業における余剰な経営資源の蓄積に関与しているとみられる要因である。ここでは企業規模とともに，同じように企業の余剰な経営資源の蓄積に寄与しているという意味で，企業の創業年数を取り上げることとしたい。いま日本の代表的企業をその多角化度指

数によって，(a)15未満，(b)15以上～30未満，(c)30以上に分類してみると，そのグループ毎の平均創業年数と標準偏差は表8－2のようになる。

表8－2　企業の創業年数と多角化度指数

多角化度指数	(a)15未満	(b)15～30	(c)30以上	全体
平均創業年数	55.06	60.31	63.61	60.32
標準偏差	18.85	17.03	18.01	17.83
企業数	43	48	51	142

　この表の(a)(b)(c)について，F検定を行なったところ，F値は2.41となり，10％水準で統計的に有意と判定された。このグループ別の平均値から理解できるように，企業規模と同様に創業年数も多角化の程度と関係があり，創業からの年数が経過すればするほど，多角化の程度が増すと言える。これは創業年数の経過によって，余剰な経営資源の蓄積も進むからであろうと推定される。

　以上の考察から企業の多角化のレベルは，三種類の性質の異なる要因によって形成されていると考えられる。

　第一の要因は，収益ギャップであり，企業が多角化戦略あるいは非多角化戦略を決定する際の起点となるファクターである。[4]

　第二の要因は，企業内部に存在して，戦略に付随する要因と考えられる組織形態と負債資本比率である。これらの要因は，それ自体，戦略の方向性を強める働きを内蔵しており，戦略を強化する要因としてひとまとめにして考える。

　第三の要因は，余剰な経営資源の蓄積に関与しているとみられる要因である。本書では，企業規模と企業の創業年数[5]を取り上げた。具体的には次のように示すことができるだろう。

(企業の多角化レベル) ＝ α (第1要因) ＋ β (第2要因) ＋ γ (第3要因)

このモデルの考え方を，実際のデータに基づいて検証するために，1991年と1996年の多角化度指数と営業利益率の関係を示すと図8－4のようになる。

図8－4 1990年代の収益ギャップ

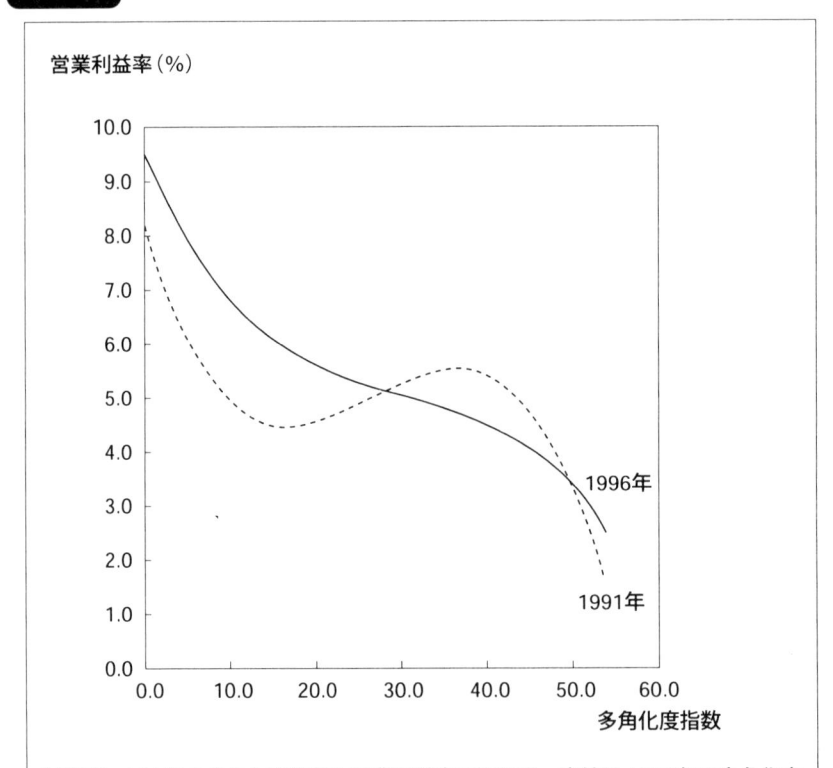

(点線は1991年の多角化度指数と営業利益率の関係を，実線は1996年の多角化度指数と営業利益率の関係[6]を示す。)

1996年の多角化度指数と営業利益率の関係を1991年のそれと比較すると，1996年においても，依然として極大値と極小値を持つ三次曲線の形状を持つものの，曲線の膨らみの部分が大きく削られ，多角化戦略を実施することによる利益が大きく失われてきている様子が観察できる。

さらに景気の後退に伴って，一様な収益ギャップが発生しているのではなく，多角化のレベルの比較的低い部分では正の収益ギャップが発生し，多角化のレベルの高い部分では負の収益ギャップが発生している。この現象は，非多角化への動きが多角化のレベルの低い部分で進展していた事実と符合している。また多角化のレベルの高い部分でさらに多角化を推進する動きが多く見られたこととも一致している。つまり正の収益ギャップの発生が，非多角化への動きを生み出し，負の収益ギャップの発生が多角化を促進しているとしたこの理論モデルに，ある程度の実証的な裏付けを与えるものである。

4 結論と今後の課題

以上の分析と考察から日本企業の多角化戦略の動向について，本業回帰を目指す非多角化の動きと，より多角化戦略を高度化していく二つの方向の動きの存在が明らかになった。多角化と集約化の双方への動きが存在し，一方では本業・集約型へ復帰する動きが見られるとともに，他方では，ルメルトの戦略タイプで関連・拡散型や非関連型に分類される企業が増加し，多角化の一層の進展がなされていることも確認された。さらに，このような企業の動きは，前節で提示した正の収益ギャップの発生が非多角化への動きを生み出し，負の収益ギャップの発生が多角化を促進しているとした理論モデルによって説明できるのではないかと思われる。多角化が企業収益に対してどのような関係にあるかについては，

多角化度指数（DI）の上昇に伴って，営業利益率は最初U字型を描き，続いて逆U字型となる三次関数のグラフを描いて変化することが判明した。すなわち日本において，多角化の程度と利益率の関係が，米国のような単純な逆U字型を示さず，中盤の落ち込んだ複雑な形状を示すことが実証的に確認され，その原因はインフルエンスコストなどのエージェンシーコストの削減によるベネフィットの取り込みが十分には行なわれていない状況にあるのではないかと考察された。

　組織形態と企業収益の関係については，多角化の程度の低い企業群においては職能別組織を採用した企業が，多角化の中程度の企業群においては一部事業部制組織を採用した企業が，営業利益率を上昇させる傾向にあることが判明したが，多角化の程度の高い企業群において，事業部制が有効であるという実証結果は得られなかった。すなわち本書の分析においては，M型仮説は支持されず，日本の事業部制がある特異性を持っているのではないかということが示唆された。

　また企業の多角化戦略あるいは非多角化戦略に付随して変化し，しかもそれ自体として多角化のレベルに影響を与えている要因として組織形態と負債資本比率が存在することが判明した。これらの要因は企業内部に存在して，それ自体，戦略の方向性を強める働きを内蔵しており，企業の多角化戦略あるいは非多角化戦略を左右する要因として把握された。

　前節で提示した景気変動の要素を取り入れた多角化モデルは，本書の実証的な分析に基づいて，従来の多角化研究において，あまり整理されてこなかった多角化を推進あるいは抑制する要因を三種類に分類して提示し，企業の多角化，非多角化のメカニズムを明らかにしようとしたものである。なお日本において事業部制が収益に対してマイナスの寄与をしているという今回検証された事実については，今後，日本の事業部制にどのような変化が生じていくのか，継続的にデータを蓄積することに

第8章　理論的実証的結論と今後の課題

より観察することとしたい。

〔注〕

⑴　研究開発により，企業特殊な資産が余剰化するか否かについては，さらに実証研究を行なわなければならない。研究開発の結果，他の分野にも応用できる汎用資産として新技術基盤が形成され，それが多角化を促進する可能性も否定できない。

⑵　Markides C. (1995)において，1987年の米国のデータに基づき，多角化レベルと営業利益率の間には，逆U字型の関係があることが実証されている。

⑶　シナジーを追求する戦略からシナジーを追求しない戦略への戦略転換は，直線の傾きが立っている段階から徐々に緩やかになっていくことで示される。

⑷　個別企業における多角化の最適点が存在するとすれば，この収益ギャップの認識に対応した個別企業の戦略決定と戦略実施により，多角化のレベルが調整されるものと考えられる。

⑸　要因としての創業年数は，企業における多角化レベルの決定モデルに時間的要素を取り込める可能性を示唆している。

⑹　営業利益率と多角化度指数の近似式を描いたものである。1991年についての近似式は，$y=-0.0003x^3+0.0225x^2-0.522x+8.2084$となり，極小値は18.3，極大値は31.7となる。($R^2=0.0732$) 1996年についての近似式は，$y=-0.0001x^3+0.106x^2-0.3636x+9.5414$となり，極小値は29.3，極大値は41.4となる。($R^2=0.0644$)

第9章

最近の多角化戦略の動向

　日本企業の多角化戦略の動向について従来より定期的に分析を行なってきたが，バブルの崩壊後の長引く経済的不況の中でリストラクチャリングの進行とともに，21世紀を迎えて日本の景況も上向いてきている状況で，最近の日本企業の多角化，非多角化戦略の動向がどのように変化しているのかについて今回改めて調査し，さらにそのデータに基づいて若干の追加分析を行なうこととした。

　前回の調査で示した1991年から1996年の5年間は日本企業がいわゆるバブル経済を経験し，それが崩壊を遂げた後の日本経済の縮小期と位置づけることができるだろう。今回の1996年から2001年にかけての5年間はバブル経済崩壊後の停滞期を経た日本経済の回復期として位置づけることができるであろう。これらの時期に日本の代表的な企業が実際にどのような多角化戦略あるいはコア事業への回帰戦略としての非多角化戦略を展開してきたか，その概要を明らかにすることにより，日本企業の最近の多角化戦略の動向を多少なりとも把握してみたい。

1　対象企業と観測時点

前回は1991年と1996年について調査分析を行なってきたが，今回は新たに2001年おける多角化戦略あるいは非多角化戦略の動向について調査を行なう。前回までの調査と同様，各企業の連結ベースのデータに基づいて，具体的に分析を行なっていくが，前回の観測以降，その後の企業合併等により2001年の時点で追跡可能な企業は133社に減少している。[1]

なお多角化度指数とルメルトの戦略タイプ分類との相関係数については，2001年も0.779と高く（1991年は0.856，1996年は0.844である。）両者を多角化戦略の尺度として引き続き併用することについて問題はないと考える。

2　戦略タイプの分布

表9-1　戦略タイプの分布

年度 戦略タイプ	1991年		1996年		2001年	
	企業数	構成比	企業数	構成比	企業数	構成比
専業型（S）	28	19.7%	25	17.6%	8	6.0%
垂直型（V）	10	7.0%	10	7.0%	4	3.0%
本業・集約型（DC）	25	17.6%	27	19.0%	26	19.5%
本業・拡散型（DL）	16	11.3%	14	9.9%	12	9.0%
関連・集約型（RC）	39	27.5%	32	22.6%	30	22.6%
関連・拡散型（RL）	18	12.7%	25	17.6%	21	15.8%
非関連型（U）	6	4.2%	9	6.3%	32	24.1%
合　計	142	100.0%	142	100.0%	133	100.0%

ルメルトの方法論に従った戦略タイプ別分類を行ない，その分布を示したのが，表9－1である。1991年から1996年の増減パターンの特徴としては，関連・集約型（RC）が減少し，非関連型（U）が増加していた。それに対し，1996年から2001年の増減パターンの特徴は，専業型（S）と垂直型（V）が大きく減少し，非関連型（U）が大幅に増加していたことである。特に1996年から2001年にかけては，M&A等により消滅した垂直型（V）が数多く観察された。この時期はコア事業への回帰が説かれ，実際，各企業がリストラクチャリングを展開する中で事業の集約化が進んだように考えられているが，ルメルトの戦略タイプ別分類による戦略別の増減率から判断すると，客観的事実としてはこの期間においても多角化戦略は後退するどころか，むしろ全体としては多角化が推進される方向にあったという傾向が確認された。特徴としては，1991年から1996年にかけては従来の戦略が堅持されるのが主流でやや多角化推進が多くなる傾向を示したのに対し，1996年から2001年にかけては非関連型（U）への移行を中心に多角化への動きが急ピッチで進んでいる。

3　戦略タイプの移動

　1996年から2001年の5年間について戦略タイプ間の移動を示したのが，表9－2である。この表を行で見ると，たとえば1996年に専業型（S）の戦略を採用した企業24社は，1996年の段階では，専業型（S）の戦略に留まった7社と本業・集約型（DC）の戦略に変化した12社および関連・集約型（RC）の戦略に変化した5社に変化していることを示している。また表を列でみると，2001年の段階で関連・拡散型（RL）の戦略を採用している企業は21社あり，それらの企業は1996年当時，本業・集約型（DC）1社，本業・拡散型（DL）3社，関連・集約型（RC）4

社，関連・拡散型（RL）12社，非関連型（U）1社であったことを示している。

表9－2　戦略タイプ間の移動（1996年～2001年）

1996年の戦略タイプ ＼ 2001年の戦略タイプ	専業型(S)	垂直型(V)	本業・集約型(DC)	本業・拡散型(DL)	関連・集約型(RC)	関連・拡散型(RL)	非関連型(U)	計
専業型(S)	7		12		5			24
垂直型(V)		4		1				5
本業・集約型(DC)	1		12	2	6	1	3	25
本業・拡散型(DL)			1	7		3	3	14
関連・集約型(RC)				1	19	4	7	31
関連・拡散型(RL)			1	1		12	11	25
非関連型(U)						1	8	9
計	8	4	26	12	30	21	32	133

表9－2にあらわれているこの時期の第一の特徴は，S型からD型へ，D型からR型へといった変化に加えて，D型もしくはR型から非関連型であるU型へという多角化を加速する動きが顕著に観察されたことである。第二の特徴は1996年から2001年の期間では，同じタイプの戦略に留まるラインが安定的だったのに対し，そのような従来の特徴が崩れ四割以上の企業が戦略タイプを変化させているということである。第三の特徴は1991年から1996年にかけての時期と異なり，専業型（S）および垂直型（V）の戦略を堅持する企業が大幅に減少したこと，特に母集団が142社から133社に減少しているが，その減少した9社のうちの半数以上の5社が垂直型（V）であり，垂直型（V）は不況期には特に脆弱でM&Aの対象となり易いものと推測された。これは不況期には，垂直型（V）が同一方向のリスクを包含する事業の集合体であることから，企業業績の下振れが相対的に激しくなる傾向にあり，他社の支援を受けざ

るを得ない局面が多くなるであろうこと，その結果，買収企業にとっては比較的有利な条件で割安に被買収企業である垂直型（V）の経営資源を入手できるのではないか，ゆえに不況期には垂直型（V）がM&Aの対象となり易いのではないかと推測されるが，この理由が本当に正しいかどうかの具体的な検証については，今後の研究課題としたい。

4 多角化戦略の決定要因と経営成果

ここでは多角化戦略を前述したルメルトの戦略タイプ分類（ST）で測定することにより，2001年について多角化戦略を決定している要因は何であろうかを分析することとしたい。多角化戦略以外の要因としては，営業利益率，負債資本比率，企業規模，研究開発費比率を独立変数として選択した。回帰分析を実施すると次のような結果が得られた。

表9−3　2001年における多角化戦略の決定要因の分析

独立変数	回帰係数	t値
定　数	2.459	
1996年戦略(ST)	0.684	11.83[a]
営業利益率	−0.008	0.55
負債資本比率	−0.001	0.38
企業規模	−0.053	0.71
研究開発費比率	−0.070	2.28[b]
決定係数(R^2)	0.534	
データ数	133	

a：1％水準で有意　b：5％水準で有意　c：10％水準で有意

まず第一に，2001年についても現在の多角化戦略の程度が前期の多角化戦略と統計的に有意な関係を持っていることが判明した。以前と同様

の当然の結果であるが，回帰係数もt値もともに小さくなっており，その影響力は減少している。また決定係数も大幅に低下している。すなわち企業は戦略の方向性を変え易くなってきているかあるいは変えざるを得ない状況になってきているものと考えられる。第二に，研究開発費比率と統計的に有意な関係がみられた。研究開発費比率が高ければ，その事業に注力する傾向が強まることから，回帰係数としては多角化戦略とは逆行する傾向にあると予想されたところではあるが，分析結果も回帰係数はマイナスで統計的にも有意な水準となっていた。

　次に1991年と1996年，および2001年の多角化度指数（DI）と営業利益率の関係を示すと図9－1のようになった。いずれの年も中程度の多角化と専業型において営業利益率が高くなる三次曲線で最もよく近似された。[2]

　特徴的なのは，バブル崩壊後の不況期である1996年については曲線の極大値の付近にあたる「多角化の利益」と言われる膨らみの部分が大きく削られ，多角化戦略を実施することによる利益が大きく失われている様子が観察されることである。つまりハメルとプラハラード（Hamel, G. & Prahalad, C. K.）（1994）によってコア事業への回帰が標榜されていた当時は，実証的にも「多角化の利益」は，ほとんど消滅していたことが日本でも観察できるのである。それに対し，1991年と2001年では，中程度の多角化戦略を展開した企業の営業利益率が高くなる傾向，すなわち「多角化の利益」と言われる部分の存在を確かめることができる。

図9-1　多角化度指数と営業利益率の関係

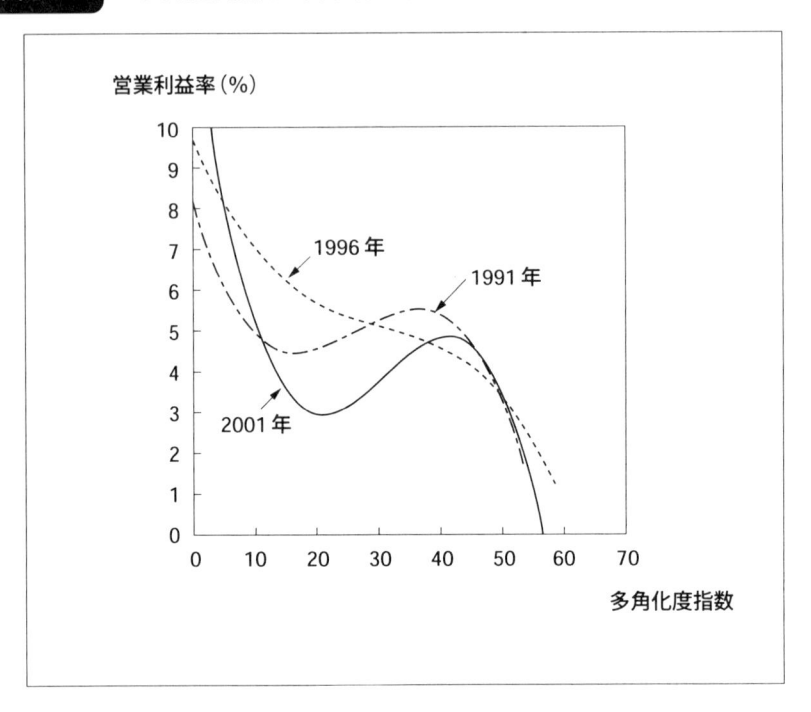

5　景気変動と多角化戦略

　ルメルト（Rumelt, R. P.）の戦略型の分析については，1991年から1996年の戦略変化では，従来の多角化戦略のタイプを堅持しようという傾向が強かった，特に専業型（S）と垂直型（V）の戦略タイプが安定的であった。これに対し，1996年から2001年にかけては，S型からD型へ，D型からR型へといった変化に加えて，D型もしくはR型から非関連型であるU型へという多角化戦略を加速する動きが顕著に見られた。さらに1996年から2001年にかけては，同じ戦略に留まるラインが安定的

第9章　最近の多角化戦略の動向

だという従来の大原則が崩れ，半数近くの企業が戦略転換を行なっていた。さらにこの時期には，専業型（S）および垂直型（V）の戦略タイプを堅持する企業が大幅に減少し，中でも垂直型（V）の減少が著しかった。ただし，不況期には，なぜ垂直型（V）がM&Aの対象となり易いか，または消滅し易いかの実証的な解明については今後の研究課題としたい。またバブル崩壊後の1996年については曲線の極大値の付近にあたる「多角化の利益」と言われる膨らみの部分が大きく削られ，多角化戦略の利益が大きく失われている様子が観察できた。これは吉原英樹他（1982）の提示した「ジグザグ成長モデル」あるいは「不均衡成長モデル」と呼ばれるダイナミックな多角化理論において提起された二つの解釈，すなわち一つは企業がやや合理性を欠いているために，長期的均衡経路から外れてはまた戻るという行動をするのだという解釈，もう一つはジグザグ行動が実は企業にとって短期的に合理性の高い行動だと解釈であるが，この多角化戦略をめぐる議論の解決に一つの示唆を与えるものである。つまり「ジグザグ成長モデル」あるいは「不均衡成長モデル」において，企業が多角化をめぐって行なっているジグザグ行動は，実は短期的に合理性の高い行動であるという第二の解釈が支持されるのである。

図9－2　好況期あるいは通常期における多角化の最適点

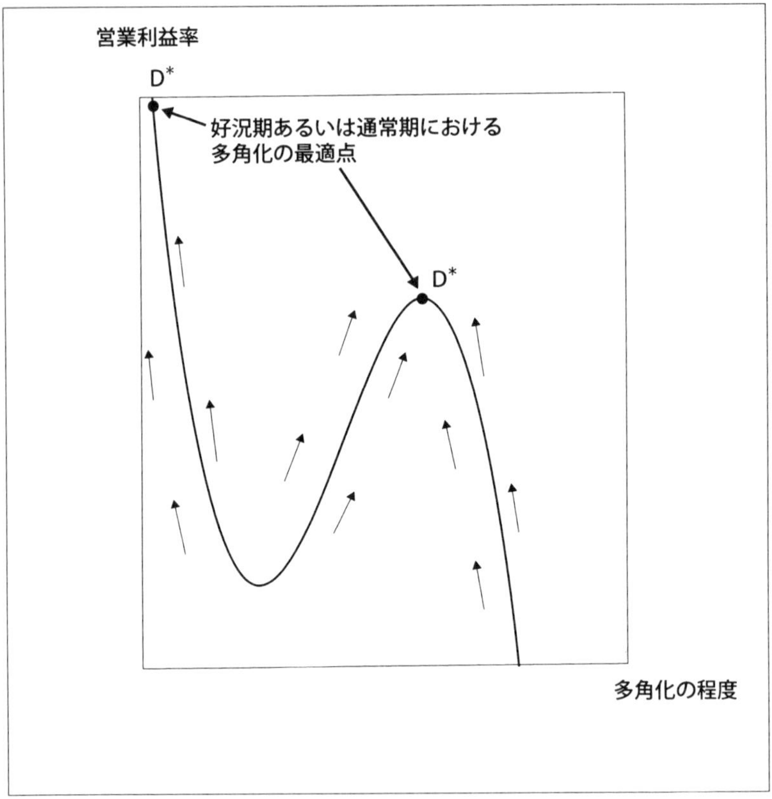

なぜなら，好況期あるいは通常期においては，図9－2で示すように多角化の最適点は二つあり，このような経済状態のときには，二つのどちらかの均衡点に向かって，企業は短期的に合理的な多角化行動をとっていると考えられるからである。どちらの最適点に向かうかは，企業の過去の多角化戦略に依存し，その時点における多角化の程度によって決まってくると考えられる。

第9章　最近の多角化戦略の動向

図9－3　不況期における多角化の最適点

営業利益率

D^*　←不況期における多角化の最適点

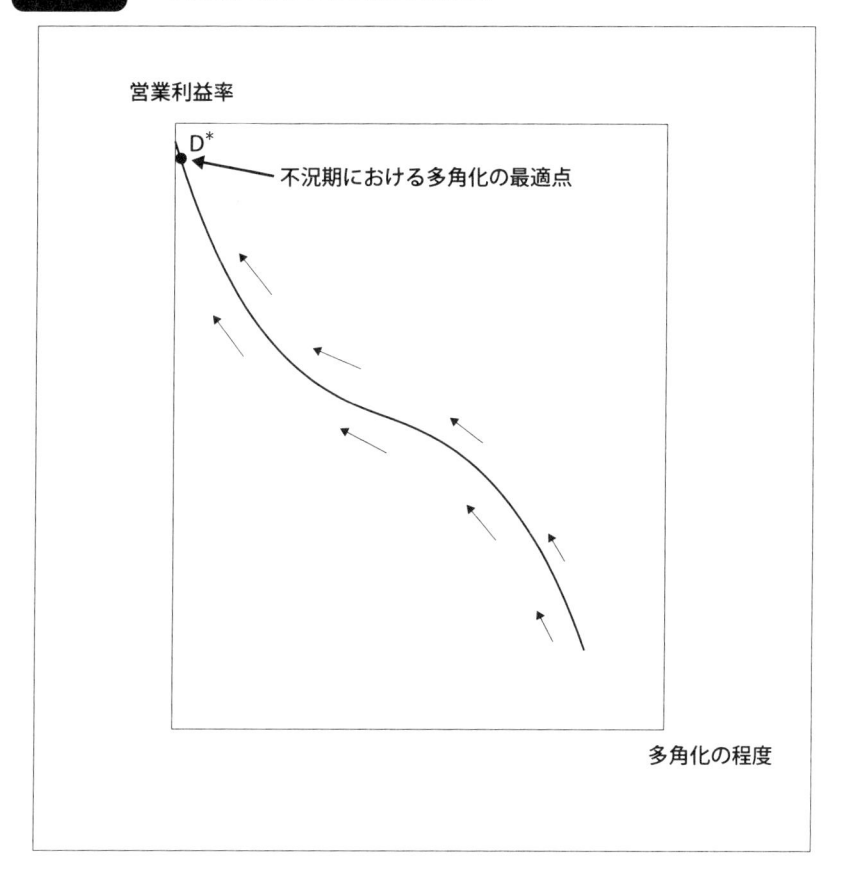

多角化の程度

　1996年のような厳しい不況期になると，図9－3で示すように中程度の多角化において見られた二つ目の最適点が消滅し，最適点が一時的に一つになるため，企業は非多角化への道を目指すと考えられる。多数を占める中間的な多角化の程度を示す企業群にとって，短期的な合理的多角化行動の過程において，好況期と不況期で目標とする多角化の最適点が異なってくるために，あたかも外観としてはジグザグ行動をとっているように見えていると考えられる。ただし多角化の最適点が本当に存在

するのか，しかもその最適点が安定的なものであるのか否かの数学的な検証と，さらなる多角化戦略の実証については今後の研究課題としたい。

〔注〕
(1) 新たに勃興する企業を加えて母集団を補正する必要性は否定できないが，戦略分析の見地から5年，10年，15年という期間での追跡可能性をより重視している。
(2) 2001年の近似式は，$y = -0.0005x^3 + 0.0422x^2 - 1.1634x + 13.032$ ($R^2 = 0.0705$) である。

(付表) 対象企業の戦略と組織（1991年，1996年）

対 象 企 業	1991年		1996年	
	戦 略	組 織	戦 略	組 織
日本水産	V	F＋D	V	F＋D
マルハ	V	F＋D	V	F＋D
アラビア石油	DC	F	DC	F
住友林業	V	F	V	F
大和ハウス工業	RC	F	RL	F
明治乳業	DC	F	DC	F
雪印乳業	DC	F	DC	F
森永乳業	S	F	DC	F
サッポロビール	DL	F＋D	DL	F＋D
アサヒビール	DC	F＋D	DC	F＋D
麒麟麦酒	DC	D	DC	D
味の素	DL	D	DL	D
ニチレイ	DL	F＋D	DL	F＋D
日清食品	S	F＋D	S	F＋D
東洋紡績	RC	F＋D	RC	D
カネボウ	RL	D	RL	D
帝人	RL	D	RL	D
東レ	RL	D	RL	D
三菱レーヨン	RC	D	RC	D
クラレ	RC	F＋D	RC	F＋D
旭化成	U	D	U	D
王子製紙	RC	F＋D	RC	F＋D
本州製紙	V	D	V	D
日本製紙	V	F＋D	V	F＋D
大昭和製紙	S	F	S	F
セッツ	RC	F	RC	F
三井東圧化学	RL	F＋D	RL	F＋D

昭和電工	RC	F＋D	RC	F＋D
住友化学	RC	F＋D	RC	D
三菱化学	RC	F＋D	RC	F＋D
東ソー	RC	F＋D	RC	F＋D
信越化学工業	RL	F＋D	RL	F＋D
協和醗酵工業	RL	D	RL	D
三菱瓦斯化学	RC	F＋D	RC	F＋D
三井石油化学工業	DC	F＋D	DC	F＋D
積水化学工業	U	F＋D	U	F＋D
宇部興産	U	D	U	D
日立化成工業	RL	F＋D	RL	D
花王	DL	F＋D	DL	D
三共	RC	F	DC	F
武田薬品工業	RC	F＋D	RC	F＋D
山之内製薬	DC	F＋D	DC	F＋D
第一製薬	S	F	S	F
塩野義製薬	S	F	S	F
大日本インキ化学工業	RC	F＋D	RC	F＋D
富士フイルム	RC	F＋D	RC	F＋D
コニカ	RC	F	RC	F
資生堂	RC	F＋D	DC	D
日本石油	V	F	V	F
昭和シェル石油	S	F	S	F
三菱石油	V	F	V	F
東燃ゼネラル石油	V	F	V	F
コスモ石油	S	F	S	F
ジャパンエナジー	U	F＋D	DL	F＋D
ブリヂストン	DC	F＋D	DC	F＋D
住友ゴム工業	DC	D	DC	D
旭硝子	RL	F＋D	RL	D

付　表

日本板硝子	DC	F＋D	DC	F＋D
日本電気硝子	S	F＋D	DC	F＋D
日本セメント	V	F	V	F
住友大阪セメント	V	D	V	D
東陶機器	RC	F	RC	F＋D
イナックス	RC	F	RC	D
新日本製鉄	DL	F＋D	DL	F＋D
川崎製鉄	DL	D	DL	D
日本鋼管	DL	D	RL	D
住友金属工業	DC	D	RL	D
神戸製鋼所	RC	D	RL	D
日新製鋼	S	F	S	F
日立金属	RC	F＋D	U	F＋D
三菱製鋼	RC	F＋D	RC	F＋D
日本軽金属	RC	F＋D	RC	F＋D
三井金属鉱業	RC	F＋D	RC	F＋D
三菱マテリアル	RC	D	U	D
住友金属鉱山	DC	F	RL	F＋D
古河電気工業	RL	F	RL	F＋D
住友電気工業	RL	F＋D	RL	F＋D
日立電線	DC	F	DC	F＋D
東洋製罐	S	F	S	F
トステム	RC	F	DC	F
アマダ	DC	F＋D	DC	D
東芝タンガロイ	DC	F	DC	F
SMC	S	F	S	F
小松製作所	RL	F	RL	F＋D
クボタ	DL	F＋D	RL	F＋D
荏原製作所	RC	F	RL	F＋D
栗田工業	RC	F＋D	RC	F＋D

日本精工	S	F	S	F
NTN	S	F	S	F
ミネベア	DL	F＋D	S	F＋D
日立製作所	RL	D	U	D
東芝	RL	D	RL	D
三菱電機	RL	D	RL	D
富士電機	RC	D	RC	D
オムロン	RL	F＋D	RL	D
NEC	RC	D	RC	D
富士通	RC	D	RC	D
沖電気工業	RC	D	RC	D
松下電器産業	RL	D	RC	D
シャープ	DC	D	DC	D
ソニー	DC	D	DL	D
TDK	RC	F＋D	DC	F＋D
三洋電機	RC	D	RC	D
パイオニア	S	F＋D	DL	F＋D
松下通信工業	RC	F＋D	RC	F＋D
日本ビクター	DC	D	DC	D
アドバンテスト	DC	D	DC	D
キーエンス	S	F＋D	S	F＋D
デンソー	S	D	S	D
カシオ計算機	S	F＋D	S	F＋D
ファナック	S	F	S	F
ローム	S	F	S	F
京セラ	DL	F＋D	RL	F＋D
村田製作所	S	F	S	F
双葉電子工業	U	F＋D	U	F＋D
松下電工	DL	D	DL	D
三井造船	RL	F＋D	RL	F＋D

日立造船	RL	F＋D	RL	F＋D
三菱重工業	DC	F＋D	RC	F＋D
川崎重工業	RC	F＋D	RC	F＋D
石川島播磨重工業	DC	F＋D	DC	F＋D
日産自動車	S	F	S	F
いすゞ自動車	S	F	S	F
トヨタ自動車	S	F	DL	F
日野自動車	S	F	S	F
三菱自動車工業	S	F	S	F
マツダ	S	F	S	F
本田技研工業	DC	D	DC	D
スズキ	S	F	S	F
富士重工業	DL	F＋D	DL	D
ヤマハ発動機	RC	F＋D	RC	F＋D
ニコン	U	F＋D	U	F＋D
オリンパス	RC	F＋D	RC	F＋D
キヤノン	DL	F＋D	DL	F＋D
リコー	DL	F＋D	DL	F＋D
凸版印刷	DC	F	DC	F
大日本印刷	DC	F	DC	F
ヤマハ	DL	F＋D	U	F＋D
セガエンタープライズ	RC	F＋D	RC	D
バンダイ	DL	F	RL	F＋D
任天堂	S	F	S	F
コクヨ	DC	F＋D	DC	F＋D

参 考 文 献

Ansoff, H. Igor (1965) "*Corporate Strategy*" McGraw-Hill.

Chandler, A. D. (1962) "*Strategy and Structure*" MIT Press

Charles W. L. Hill and Gareth R. Jones (1998) "*Strategic Management Theory*" Houghton Mifflin Company

Hamel, Gary and Prahalad C. K. (1994) "*Competing for the Future*" Harvard Business School Press

Jensen, Michael C. (1986) "*Agency Costs of Free Cash Flow, Corporate Finance and Takeovers*" American Ecomonic Review Papers and Proceedings 76, pp. 323-329

Kochhar Rahul (1996) "*Explaining Firm Capital Structure: The Role of Agency Theory vs Transaction Cost Economics*" Strategic Management Journal, Vol. 17, pp. 713-728

Markides, Constantinos C. (1995) "*Diversification, Restructuring and Economic Performance*" Strategic Management Journal, Vol. 16, pp. 101-118

Markides, Constantinos C. (1994) "*Related Diversification, Core Competences and Corporate Performance*" Strategic Management Journal, Vol. 15, pp. 149-165

Markides, Constantinos C. (1995) "*Diversification, Refocusing, and Economic Performance*" The MIT Press

Milgrom, P. and Roberts, J. (1992) "*Economiçs, Organization & Management*" Prentice-Hall

Mintzberg, Henry (1993) "*Structure in Fives*" Prentice-Hall

Nadler, David A. and Tushman Michael L. (1988) "*Strategic Organization Design*" HarperCollins

Penrose, Edith T. (1959) "*The Theory of the Growth of the Firm*" Blackwell (末松玄六訳『会社成長の理論』ダイヤモンド社, 1962)

Porter, Michael E. (1985) "*Competitive Advantage*" The Free Press

Porter, Michael E. (1980) "*Competitive Strategy*" The Free Press

Riahi-Belkaoui, Ahmed (1995) "*The Nature and Consequences of the Multidivisional Structure*" Quorum Books

Rumelt, Richard P., Schendel, Dan E. and Teece David J. (1994) "*Fundamental Issues in Strategy*" Harvard Business School Press

Rumelt, Richard P. (1974) "*Strategy, Structure and Economic Performance*" Harvard Business School Press

Scott, John T. (1993) "*Purposive Diversification and Economic Performance*" Cambridge University Press

Stephan, A. Ross, Westerfield, Randolph W. and Jaffe, Jeffrey F. (1990) "*Corporate Finance*" Irwin

Walter, R. Mahler (1992) "*The Diversified Company*" WRM

Williamson, O. E. (1975) "*Markets and Hierarchies: Analysis and Antitrust Implications*" Free Press （浅沼万里，岩崎　晃訳『市場と企業組織』日本評論社，1980）

安　熙錫 (1996)『多角化戦略の日韓比較』税務経理協会

伊藤健市，田中和雄，中川誠士編 (2006)『現代アメリカ企業の人的資源管理』税務経理協会

伊丹敬之，加護野忠男，伊藤元重編 (1993)『日本の企業システム』1～4巻，有斐閣

萩原俊彦 (2005)『40歳からの聞くに聞けない経営の話―経営学再入門―』東洋経済新報社

箱田昌平（1988）『多角化戦略と産業組織』信山社

吉原英樹，佐久間昭光，伊丹敬之，加護野忠男（1982）『日本企業の多角化戦略』日本経済新聞社

英文索引

【A－Z】

Agency Costs ·················21
Agents ················11,12,20
Ansoff, H.I. ·················7
Bureaucratic Costs ············21
Business-Level Strategy ·········7,8
Chandler, A.D. ···············3,29
Corporate Strategy ············7,8
Dealing with Decline ············52
Diversification Index ········35,49
Dominant-Constrained ··········34
Dominant-Linked ··············34
Empire Building ···············18
Function-Level Strategy ········7,8
Global Strategy ···············7,8
Hamel, G. ··················5,101
Hill, C.W.L. ·················7,8
Inert Area ····················28
Information Processing Capability ······27
Information Processing Requirement ····27
IRR ·························21
Jensen, Michael C. ·········18,29
M&A ···········8,15,18,98,99,100,103
Milgrom, P. ···············12,28
Multidivisional Form ···········26
NPV ························25

Penrose, E.T. ···············3,28
Plateauing ····················13
PPM ··························9
Prahalad, C.K. ··············5,101
Principals ··············11,12,20
Related Ratio ·················33
Related-Constrained ···········34
Related-Linked ················34
Roberts, J. ················12,28
Rumelt, R.P. ········3,29,32,43,102
Seniority System ··············13
Single ·······················34
Specialization Ratio ···········33
Unitary Form ·················26
Unrelated ····················34
Vertical ·····················34
Vertical Ratio ················33
Williamson, O.E. ···········22,29

和文索引

【あ】

アンゾフ……………………………7
一部事業部制組織
　………… 26,68,69,70,77,78,79,83
イントラプレナーシップ………………9
インフルエンス活動…………………12
インフルエンスコスト
　…12,14,15,28,51,65,85,87,88,89,94
ウィリアムソン……………………22,25
売上成長率……………………53,78
M型………………………………26,29
M型仮説…………26,29,30,83,94
エージェンシーコスト
　……12,21,22,25,28,51,87,88,89,94
エージェンシープロブレム
　………………11,19,20,21,85
エージェンシー理論
　……6,11,20,21,22,24,25,66,67,82,85
X－非効率…………………16,28,85,87
エンパイアビルディング…………18,65

【か】

外部資本市場………………19,20
株主………………18,20,21,23,66
借入金………21,24,66,67,79,80,82,84

慣性領域……………………………28
関連・拡散型
　……4,34,37,38,39,40,41,44,93,98
関連・集約型………4,34,37,38,39,41,60
関連比率……………………………33,34
関連分野拡散的多角化戦略…………34
関連分野集約的多角化戦略…………34
企業価値………………10,14,18,22,31
企業規模
　……18,21,51,56,57,75,76,90,91,100
企業成長論…………………………3
企業戦略論…………………………7
企業統治……………………………20
企業特殊な資産……11,23,24,72,83,95
企業内金融…………………………11,19
企業ブランド………………………11
技術資源……………………………11
機能レベルの戦略…………………7
規模の不経済………………………11,56
グローバル戦略……………………7
限界収入曲線………………………17,19
限界費用……………………11,16,17,85
限界費用曲線………………………17,20
限界利益……………………11,16,28,64,85
研究開発戦略………………………9
研究開発費比率……53,54,56,57,71,72,
　78,79,80,83,84,100,101
コアコンピタンス……………………5

118

索　引

コア事業……………6,37,96,98,101
高原状態…………………………13
購買戦略……………………………9
効用関数…………………………21
コーポレート戦略………………7,8,9
コンフリクト……………………21

【さ】

財務戦略……………………………9
債務不履行……………………21,23
事業売却……………………………8
事業部制……4,5,26,29,68,69,70,72,73,
　　74,83,89,94
事業部制組織
　　…………9,26,68,69,70,74,78,79,83
事業ポートフォリオ………………8,9
事業レベルの戦略…………………7
ジグザグ成長モデル……………103
終身雇用制………………………13
取得型コングロマリット…………5
職能別組織
　　…9,26,68,69,70,74,75,78,79,83,94
人事戦略……………………………9
新製品開発…………………………8
人的経営資源……………13,14,65
衰退をカバーする戦略……………52
垂直型……4,34,35,39,42,44,70,98,99,
　　100,102,103
垂直的統合戦略……………4,32,34,38
垂直比率…………………………33,34

生産戦略……………………………9
正の収益ギャップ………………90,93
セットアップコスト……………22
セニョリティーシステム…………13
専業型……4,32,34,35,37,38,40,41,42,
　　60,63,70,98,99,101,102,103
専業戦略…………………………4,34
戦略管理論…………………………7
戦略タイプ変数…………54,58,59,71,72
相関係数………………………44,97
創業年数………………………90,91,95
組織慣性…………………………53
組織構造……………………3,5,25,26,72
組織の経済学……………………12
組織の情報処理能力
　　………………26,27,28,87,88,89
組織の情報処理必要量…27,28,87,88,89

【た】

多角化のレベル……19,20,42,57,62,63,
　　86,87,90,93,94,95
多角化戦略と企業成果……………3
多角化の最適点………17,19,95,104,105
多角化の利益………10,11,15,28,101,103
ダミー変数………………59,60,63,73
チャンドラー………………3,6,25,72
チャンドラー命題…………………3
撤退戦略……………………………8
統治構造…………………………22
特化率……………………………33,34

119

ドライビングフォース……………3,13
取引コスト理論
　……………6,22,24,25,65,66,67,82,85
取引費用……………………………22

【は】

ハメル……………………………5,101
汎用的な資産………………………23
ヒエラルキー……………………16,22
非関連型…4,32,34,35,37,38,42,44,60,
　93,98,99,102
非関連多角化戦略………………4,34
ビューロクラティックコスト………21
ヒル…………………………………7
不均衡成長モデル…………………103
負債……………………………19,29
負債資本比率………22,24,25,53,54,57,
　64,65,66,77,78,79,80,82,83,84,90,
　94,100
物流戦略……………………………9
負の収益ギャップ………………90,93
フラット組織………………………27
プラハラード……………………5,101
フリーキャッシュフロー
　………………………18,21,22,24,67
フリーキャッシュフロー仮説……18,21
ブルーカラー………………………14
ペンローズ……………3,4,6,10,13,14,51
ホワイトカラー……………………14
本業・拡散型……4,34,39,41,44,60,98

本業・集約型
　………4,34,37,40,41,44,60,63,93,98
本業中心拡散的多角化戦略…………34
本業中心集約的多角化戦略…………34

【ま】

マーケティング資源………………11
マーケティング戦略………………9
マイケル＝ジェンセン………18,19,21
埋没費用……………………………14
ミルグロム…………………………12
メインバンク……………………66,82

【や】

U型…………………………………26
余剰経営資源…………3,4,10,15,16,64

【ら】

ランニングコスト…………………22
リエンジニアリング………………5,6
リストラクチャリング
　…………………5,6,18,30,43,96,98
ルメルト……3,4,5,32,33,37,40,93,97,
　98,100,102
レイオフ…………………………13,14
ロバーツ……………………………12

【著者紹介】

萩原　俊彦（はぎわら　としひこ）

名古屋経済大学経営学部教授．1957年　長野県生まれ，1981年　東京大学経済学部卒業，旭硝子株式会社入社，資材管理，人事管理，経営企画などにたずさわる．

1993年　ワシントン大学（シアトル）ビジネススクール修了（MBA）．

1998年　経営学博士号取得．

2001年4月より名古屋経済大学経営学部助教授を経て，2008年4月より現職．著書に『40歳からの聞くに聞けない経営の話―経営学再入門―』（東洋経済新報社）および"International Handbook of Organizational Crisis Management"(Sage Publications, 共著）など．

著者との契約により検印省略

平成19年4月3日　初版第1刷発行
平成20年6月3日　初版第2刷発行
平成26年4月3日　初版第3刷発行

多角化戦略と経営組織

著　者	萩　原　俊　彦	
発行者	大　坪　嘉　春	
製版所	株式会社　東美	
印刷所	税経印刷株式会社	
製本所	株式会社　三森製本所	

発　行　所　東京都新宿区下落合2丁目5番13号　株式会社　税務経理協会

郵便番号　161-0033　振替　00190-2-187408
FAX (03)3565-3391
電話 (03)3953-3301(編集部)
　　 (03)3953-3325(営業部)
URL http://www.zeikei.co.jp/
乱丁・落丁の場合はお取替えいたします．

ⓒ　萩原俊彦　2007　　　　　　　　　　　Printed in Japan

本書の内容の一部又は全部を無断で複写複製（コピー）することは，法律で認められた場合を除き，著者及び出版社の権利侵害となりますので，コピーの必要がある場合は，あらかじめ当社あて許諾を求めて下さい．

ISBN978-4-419-04880-8　C1034